中國學術思想 研究輯刊

四十編
林慶彰 主編

第 **12** 冊

禪宗生命學（上）

馮天春 著

花木蘭文化事業有限公司

國家圖書館出版品預行編目資料

禪宗生命學（上）／馮天春 著 -- 初版 -- 新北市：花木蘭文
化事業有限公司，2024〔民 113〕

目 6+156 面；19×26 公分

（中國學術思想研究輯刊 四十編；第 12 冊）

ISBN 978-626-344-776-9（精裝）

1.CST：禪宗 2.CST：生命論

030.8　　　　　　　　　　　　　　　　113009314

ISBN-978-626-344-776-9

9 786263 447769

中國學術思想研究輯刊
四十編　第十二冊　　　　　　ISBN：978-626-344-776-9

禪宗生命學（上）

作　　者	馮天春
主　　編	林慶彰
總 編 輯	杜潔祥
副總編輯	楊嘉樂
編輯主任	許郁翎
編　　輯	潘玟靜、蔡正宣　美術編輯　陳逸婷
出　　版	花木蘭文化事業有限公司
發 行 人	高小娟
聯絡地址	235 新北市中和區中安街七二號十三樓
	電話：02-2923-1455／傳真：02-2923-1452
網　　址	http://www.huamulan.tw 信箱 service@huamulans.com
印　　刷	普羅文化出版廣告事業
封面設計	劉開工作室
初　　版	2024 年 9 月
定　　價	四十編 15 冊（精裝）新台幣 40,000 元

禪宗生命學(上)

馮天春 著

作者簡介

馮天春，男，雲南普洱人，哲學博士，現就職於雲南省社會科學院宗教研究所，主要研究中華經典詮釋學、禪學、禪茶文化，擅長將禪修技術、性命之學與心理學融合，解決心智成長與身心問題。同時，致力於中華優秀傳統文化與禪茶康養、睡眠改善、生命管理等領域的研訓、抒寫，提倡和實踐「經典深度閱讀法」「生命諮詢」。主持完成國家社科基金項目《雲南禪宗史》，代表性著作有《〈壇經〉大生命觀論綱》（合著）《入〈壇經〉注》《藏漢佛教修道次第比較研究》《禪蹤》《禪茶公案錄》《禪茶藝文錄》《禪茶論典錄》等，另已發表學術論文三十餘篇。

提　要

　　生命已成為人類學問中最難透徹的領域，不同文化體系對之闡述千差萬別。然而共同的是，絕大部分生命品類尤其是主體人，因自身的生存性、存在性需求，不斷生起欲望、得失、愚迷等心，障蔽了清淨本性，故於無知無覺或無可奈何中被自他、被世界裹挾，妄作而造成衝突、病患、死亡等惡果，嚴重損害了生命自在及其價值提升。超離無明業積，生命才能輕鬆、靈動，更高效、更具針對性地規劃生活，實現自我價值。基於此，「禪宗生命學」試圖從禪的視野探討生命的來源、構成、品類、生死、意義等範疇，以最大限度地認知生命內義。其中，又尤其關注人們日常生命現狀，深入挖掘並轉化禪在「生命諮詢」方面的核心技術，以開啟本有智慧，化用於生命管理、生命療愈，為生命護航，最終獲取生命的健康、輕盈、圓滿。

本書為雲南省社會科學院　中國（昆明）南亞東南亞研究院 2024 年度一般項目《「第二個結合」視野下禪學與心理學的會通研究》（批准號：YB202405）階段性成果

目

次

下　冊

緒論　禪與生命關懷

一、禪直指生命母題

　　生命是人類永恆的母題，雖不好界定其含義，然但凡談及生命，人們便會不自覺地將其延伸至人的身心世界、形上價值，從而關注整體性、終極性的物我存在以及宇宙視野中的自己。研究此類生命議題的學問，便概稱生命學。

　　生命學並不具體限定在哪一領域，而是各種學科關於生命議題的整合、融通，比如說科學、醫學、心理學、文學等，各自有著獨立的研究內容和理論體系，但又都基於人類個體生命、抽象整體生命而探討生活的健康、快樂、幸福，死亡的尊嚴、歸趣、技術，乃至修道證道的方法、境界、運用等問題，由此積累了豐富的生命學元素。故而，嚴格意義上講，凡涉及以上母題的理論系統，都屬於生命學。只不過這些理論、實踐本屬於某一特定文化體系的構成部分，沒有專門剝離出來，也沒有以專門的「生命學」名之。

　　如今，相關領域有生命科學、生命醫學、生命哲學、生命文學、心性學、心理學等。其中又大致分為兩類：一類傾向關注身命實體，探討其基本構成，基本規律，繼而再延伸至之外的生存生活意義，如生命科學、生命醫學、行為心理學；另一類則重在先探索宏觀、抽象、終極的生命存在，繼而再返觀、落實於生命個體，如生命哲學、生命文學、精神分析學、人本心理學。總之，生命學就是以生命關懷為宗旨的研究領域和研究範式。

　　所謂禪宗生命學，便是在禪宗視野下探討生命關懷。

　　什麼是禪宗？宗派意義上的禪宗，首要是指佛陀向迦葉教外別傳，由菩提達摩在中土初建，經慧可、僧璨、道信、弘忍、惠能等禪者建構的宗派，包含

六代禪祖及其法系，又或分南宗、北宗，及一花開五葉之五家七宗。不過，本研究所說的「禪宗」，雖具有突出的宗派屬性，但毋寧說是「禪」，或「禪之心宗」「禪之正宗」。

然而又什麼是禪？一般意義上的禪可分為宗教信仰層面的禪宗、思想義理層面的禪、實證境界層面的禪、人文價值層面的禪；又有本根論之禪，即將禪視為世間萬物萬象的終極根本；境界論之禪，即將禪視為主體生命境界的印證、呈現；還有方法論之禪，即為了實現禪的終極證境而使用的「禪法」「法門」。由於認為「禪」是精微勝妙的修持正見、生命歸所，故相關修學者尊其為「宗」，其核心指向某種思想系統和生命證境，並不必然涉及組織性、制度性的禪門僧俗團體。真實之禪，乃是指超離一切具相包括宗教相、非宗教相的大禪智慧，是某種生命存在之境與生命價值觀，出家人可習可得，在家人也可修可證。

禪直指生命內義、生命母題。實現自性生命之確證，做到出世入世之圓融，可視為禪宗最終的生命價值追求。在取得一定參修成就以後，禪宗理念多認為不應就此隱遁自度，而是還要行菩薩道，持續自度度人，回饋世間、法界；同時，又以此檢驗自身是否達到了出世入世圓融的般若解脫。

如此之禪，方不拘執於自宗他宗、出世入世、有無信仰，而只是生命的淨化、存在、顯現，是離宗教相、離宗教組織相、離宗教理論相的生命禪學。人們學習禪、信奉禪的目的已非為出家或參與禪門組織性團體，而是為吸收禪宗文化蘊含的人文精神、生命關懷資源，完成自我修養、自我生命境界的提升。

如此之禪，才是禪宗思想和實踐向當前社會的充分轉型，或說，禪本來就產生於世間、縈繞於世間，我們所做，只是對之發掘、發現而已。只有從這一視野創造性轉化和創新性發展，禪才會真正貼近人心，融入日常，而非誤入脫離現實生活的怪力亂神界域；而且，也才會真正融入現代社會文化語境，實現生命的飽滿、健康，達成真實具體的生命關懷。

二、以禪構築生命學

本研究旨在以禪認知生命，詮說生命，從而構築禪宗生命學。大致而言，禪宗生命學涉及禪宗視野下生命的生成、來源、結構、種類、價值意義、修行療愈、死亡證道等範疇。基於此，本研究將探討主題集中於禪宗的自性本根論、禪宗的全域生命論、禪宗的修道次第論、禪宗的般若解脫論、禪宗的

生死關懷論、禪宗的禪醫療愈論「六論」，意謂禪宗理論和實踐系統中具有這些相關內容，而且是最主要的與生命學相關的內容，探透、掌握了這「六論」，便把握住了禪宗生命學的結構體系和核心要義。

禪宗生命學自有其龐大、嚴密的理論體系，準確地說，本研究並不能真正意義上囊括完整的禪宗生命學，只能稱為《禪宗生命學綱要》或《禪宗生命學概論》。現在即稱其「學」，為時尚早，也不夠謙遜。只是轉念一想，但凡對禪宗生命學有所涉及，其實已屬此學；而且禪宗生命學是一個先需搭起構架之基，再逐步往其中填充內容，或往外延伸拓展的過程，這個過程也許是十年、百年、千餘年，到時我的生命個體也許早已湮滅。天予不取反受其咎，時至不迎反受其殃，故而何必再等，只管直下承當建立其「學」就是！實際上，禪宗早已「以禪之名」實際建構「禪宗生命學」千餘年了，它並沒有固定的形式、內容，而是以禪為隱性主線，隨著不同生命問題的產生、變化而流動性地展現自身的存在與演變。這種演變，至今也未結束，而且千百年以後也未必會終止。我只是以現代學科思維給這種事實安立了一個「禪宗生命學」的名字而已。因此，我何不先嘗試著歸納出其主體綱要，以方便此後研究的展開！這一視野下的禪宗生命學，以禪作為統攝，可以簡單理解為是用禪、禪修、禪的價值觀理路來探討生命之學，而且本質上是在探討禪在現實人生中的活用。

單獨說禪，說禪宗生命學，會顯得很空洞，其實，禪從來是凝聚、顯現在具體人和事上的。一方面，禪是用來追求出世終極價值的，即所謂完成最終的身命價值提升，獲證圓滿自性，自度度他。另一方面，禪是因為要解決人的生命問題而造設出來的，沒有具體問題，就找不到具體的禪。也就是說，我們需要禪來解決相應問題，故而才運用禪的基本原理建立禪宗生命學。在此設定下，本書所謂「六論」分別指向六類問題。

禪宗自性本根論，助力認識禪宗的理論出發點「自性」為何。自性既實又虛，實者，實相可見可證；虛者，若不見性便只能臆想猜度。而且在認知期間形成的種種偏執觀念，亦需要矯正。認識自性，最大的主題是要弄清楚自性的實質，自性如何造作出生命，如何製造出所有的順逆，如何造業和化解業力。種種經歷，包括歷劫以來的業惑，積成種子堆在阿賴耶識中，一旦內外因緣促合，便形成了所謂的命運、事件、問題等。見性，便是超離這種命數，實現命運自造，自改。

　　禪宗全域生命論，乃為充分認知生命存在。一般意義上的生命，就是活著的萬物，但細究起來，生命遠遠不止這些內容。生命至少可分為包含在十法界裏的六凡四聖，四聖超脫三界，六凡則包含六道眾生、十種異生、有情無情等形態。而這些生命從哪裏來？又將去往哪裏？禪宗將其理解為或來自不同高維時空，或是不同物種之間相互轉化。至於以人類為代表的胎生類生命，還涉及如何入胎，胎內如何，如何出胎，死後如何輪轉，如何解脫等問題，其中的決定性因素是業種業力。如此種種生命範疇，均需在宏觀全域的生命論視野下作詳盡分析。

　　禪宗修道次第論，是為提供禪宗解脫出離的基本原理和具體方法。講清禪的修習原理，梳理各宗修道綱要，有目標，有境界，有想要解決痛苦局限之心，還得有具體有效的實踐方法。禪門修道方法何止千萬，關鍵是要按一定的次第踏踏實實做去。而所謂次第，實與頓斷為一體，並非絕對逐一逐二。於禪修習而言，只要實實在在展開，總在某一步驟處會突然發生質變，得以頓斷提升。而本研究花心思梳理禪宗修道次第，也並非為了回歸到古代的深山寺院，而是要在充分理解、如法運用的基礎上來解決當前的人類生命問題。

　　禪宗般若解脫論，乃是為了充分詮說禪宗的自性般若。般若重在自性智慧的顯用，也就是在清淨、理性、客觀的境況下遇事、辦事、了事，趨利避害，使自他得到相對理想的結局，在種種智慧運用中，實現當下的解脫。現實生活中，很多事無法解決或越理越亂，甚至動輒發生暴力衝突、身心傷害，多因人心不夠清醒，迷失於其中。而禪宗的般若解脫，就是鍛鍊、顯用「出乎其外」的生命力量，使自己能從事情外、自身外觀照一切，繼而能夠以一定的境界超離具相，實現有效修心，靈活工作，智慧辦事，安穩生活。

　　禪宗生死關懷論，為超越生死困厄而說。生死問題是禪宗探討的一大重點，某種程度上，禪宗已定位修行解脫乃為超越生死。在生死問題上，人們最大的反應就是恐懼、痛苦。生理學意義上的死亡，當然增加人的恐懼痛苦，但禪者則從生見死，以死諫生，能夠發現並實證生死的一體性，覺解死亡並非生命的終結。於本書而言，這一專題，著重討論的是如何在生時生得安穩、健康，死時死得尊嚴、灑脫。其中智慧，現今社會處理生死問題時完全可以借鑒、推廣，助力世人妥善完成必然的死亡之旅。

　　禪宗禪醫療愈論，乃為挖掘和運用禪宗醫藥學資源。禪宗並不屬於當代意義上的醫學，修行見性、禪定解脫也不是行醫或醫學行為，但就是其中所

附帶的康養、療疾功能，卻有著不可思議的功效。一方面，禪醫有其醫藥系統，例如藥石、針灸、推拿、武術等，其內容幾乎與中醫互補甚或同步，可很好地療愈諸多疾病。另一方面，禪宗本為醫心而設，見性解脫，見心見性，心無掛礙，去來自由，是以某些禪師也稱「醫僧」「醫者」，例如道信即稱「大醫禪師」。心開悟解，禪定修行，可解決諸多重病。淺一層次說，諸多病源其實在心，一旦調順心胸鬱積，則身舒體暢，相應的疾病也就消逝無形。至於種種重病如臟腑功能衰竭、腫瘤等，只要用功正確精進，均能取得一定程度的康復效果。比如近年新冠肺炎多輪來襲，之後部分人身體免疫系統遭受重創，動輒虛弱體寒，感冒發燒，又或多症併發，危在旦夕。如此便可運用禪醫思路，或藥石施治，或整頓心胸，或禪定調整，從整體上補足生命之本，強健身心。尤其如果禪定得法，到達一定境界時，人心正氣自立，身體陽氣勃發，完全可以重新滋養臟腑心胸，挽回生命的健康。

　　禪宗生命學之實，古已有之，而且相當發達，只不過沒有「禪宗生命學」之名。因時代之需，此處以「六論」為綱骨加以繼承挖掘、轉化創新，略成學科。不過，當前之「禪宗生命學」實乃初步建立並剛剛展開系統化建構，更進一步的豐富成熟，還需要大量傳承禪學精義，充分展開理論闡釋和生命關懷實踐的補入。

三、許我禪眼觀此生

　　禪是印度佛教和中華文化充分融匯會通而成的文化形態，實際上已經是中華文化的獨特結晶和具體呈現。諸多場景下，人們眼中的禪與佛教場所、僧侶結合較緊，但是否出家、在家，乃屬個人的生命價值追求和生活方式選擇，並不決定禪的歸屬權。禪的終極生命證境離一切相，並不私屬任何人，人只有清空自我，煉盡私欲，才能與禪相印，化身為禪。不論誰人，何種教派，甚至反對者，都可將禪的境界、禪的修習納入其中，融為自家特色，形成離相、廣義上的「道」。

　　由於禪直接深入自性，清淨自在，便能照見歷來的因果業積如何積累而成，如何蘊聚成種種欲念、病患，又如何因緣解構、轉化。所以，在自性生命的境界裏，一切心因緣而起伏，一切事因緣而聚散。以禪眼觀之，世間人事，莫不如此，種種因緣起伏聚散而已。在此證境下，願居山者居山，願出世者出世，而有心療愈病患者，也可用禪有效解構病相，或超脫病相，自然安頓。在

你心上、身上，根本不留一塵，不沾一絲，唯寂在，唯顯現而已。

　　這也是禪宗生命學能夠有效解決生命問題的根本原因。這一生，由於自性生命被自我蒙蔽，目之所及，生命真的太苦了！為名爭，為利鬥，或自以為是，自我炫耀承許，又或種種重病纏身。還有那些動輒無妄之災，動輒邪火發作、即興犯罪，動輒家暴，動輒自殺的種種現象，如果用禪宗生命學的視野來看，實則是多年積存業力發動，失了本心，無力自主，生出妄作而已。對之，可用禪宗生命智慧、禪修之法逐漸教誨調整。尤其是一旦主動深入學習禪的相關理論與實踐，則見效極快，可在化解業惑、清理心執的同時，同步解構各種生命問題。

　　禪提供了一種理想的生命境界，卻還是需要真心、踏實地去學習、鍛鍊才能實現。因為人生生世世以來，家族數代以來，此生數十年以來，純淨心性上附著的東西層層疊疊，實在是太多太厚了！禪宗就是為應對這一現狀而出世的。人經常因心靈蒙塵而眼界受限，被局限在家庭、單位、某天某年的狹小時空，所以只能在其中掙扎。而一旦延伸、縱橫視之，哪還有什麼困惑、阻隔！人情往來中，不過是做自己而已，不會絞盡腦汁依附、討好。做自己，才會有尊重，才會有真誠，如何有效建立人際關係也發乎自然，更無偽情。因為有一尊無相禪眼在時時觀照、殷殷提醒著自己呢！黑塞說，覺者一生的任務，就是成為他自己。此言非虛，但前提是「覺」。如不見證此自性真心，你我只會滋長自以為是的偏執；如無此淨定禪眼，你我只會在身心病患的掌控中被裹挾而行。還如何成為真正的自己？故而，雖有此悟解，卻未必穩固，還須純化、煉盡身心陰濁。因此更要認真對待自性淨定，煉化身心。身心既已清淨，病將安附？自性淨定純粹發乎真心真性，純粹滋養浸潤生命，與宗教形態無關，但凡生活工作間隙，一放鬆，一空化，便是自性觀照，便是自性煉養，所謂病患、心執，就在這點滴的觀照煉養中消散，化盡。此後，生命就只是自在玩味，玩味禪意，玩味生活，玩味此生而已！

　　如此禪境，自然通達對生命的全域認知，目及六凡四聖、有情無情，既可發現你我是宇宙、天地、社會中的一葉一塵埃，又可發現自性的無所不能、無所不在，你我與凡聖眾生、花草樹木、山水清風一體同一。你我的生命是如此不同凡響，雖融入於天地萬物，卻從未湮沒於其中，依然如此獨一無二。如此立心，如此立命，如此立禪，才不辜負當下處處綻放的禪意生機！

　　理論探究，不過一隅，只有再落實於真悟、真修、真行，才是全整建構禪

宗生命學，而且是用生命在建構禪宗生命學；也才談得上是以禪宗生命學反過來滋養生命，以禪的生命智慧在真實關懷生命！近年流傳的心靈雞湯中有「願你出走半生，歸來仍是少年」句，其中頗有詩情畫意和青蔥情懷，讀後會心一笑。想想你我此生，確實也出走過半，糾纏過半了。早該讓生命安頓下來，認真體味這自性淨定、般若解脫，使之自然浸潤到生命深層，綿密洗煉，並隨心演繹此生！生命本自虛無，真正實相不在過往，不在將來，也不在未曾體貼過的自性般若，只在一處，就是專心、真心、空心、無心之禪眼寂觀處！

第一章　禪宗的自性本根論

禪宗將「自性」設置為一切現象所由生的根本性存在，從而演繹出了一套以自性為「本根」的理論系統。按照中華文化的基本表達理路，可稱之為「自性本根論」。〔註1〕「自性本根論」實為禪宗理論體系、禪宗生命學的基礎性發端，其理論內涵可從自性的義域、自性的屬性、自性的運作、見性的原理、自性與生命的關係等方面進行綜合把握。

第一節　自性的義域

禪宗的自性義域並不絕對固定，相應內涵的梳理需結合整體佛教的生命觀、修行論，乃至中華文化的道性學說、日用生活常識等方面而展開。

〔註1〕「本根論」是中華文化式的表達，可與「本源論」「本原論」「道體論」「道性論」等同義，重在突出自性、道性的實存而又非實體，生生不息而又不可心有臆想、執著；而且，中華文化總體上是心行合一的、內證式的，故而也不可將此「本根論」抽象、窄化為一個概念、名詞。至於「本體論」，則多是基於西方哲學傳統或以西方學術邏輯為主導的習慣性表述，其含義側重於絕對實體，以及抽象化而得的純粹概念、邏輯，與中華文化式的「本根論」還是存在差異。一段時期內，尤其是近現代以來，由於受西方文化影響巨大，諸如「本根論」一類的中華文化範疇多被稱為「本體論」，如今看來，這一稱謂中或多或少已弱化了中華文化的主體意識及其實際內涵。雖然中西文化之間有諸多內通性，應相互對比、吸收，以西式思維、概念套用中式範疇也無不可，但如要真正賡續中華優秀傳統文化的精髓，強化並堅守住自身的文化主體意識才是重中之重。因此，在表達中華文化的核心範疇時，應注重對中華式思想、思維、內涵的建構與闡發。

一、自性在不同語境下有不同含義

「自性」是禪宗「本根論」的核心概念。一般而言,「自性」即「自我的本性」;禪宗語境下,「自我的本性」當然就是指清淨無染的「性體」。但禪宗相關典籍中,自性的含義變化多端,常常根據言說語境的不同有著較大出入。經歸納,自性的含義主要有如下幾種。

(一)自性即佛性

早期佛教理論中,佛性指諸佛所證得的根本體性。如《菩薩本生鬘論》云:

> 上妙修崇本有佛性,譬如月滿淨妙澄寂,暗鈍諍染佛力能
> 斷。〔註2〕

這一「本有佛性」的特點是「如月滿淨妙澄寂」,而且還具有「能斷」暗鈍諍染的智慧力。一般而言,這是「諸佛如來」才具有的證境。當然,一些論典和派別也認為「一切眾生」包括未悟的人都有此佛性,只不過尚未發顯。這也是「佛性」能演化為「自性」的基本前提。

關於佛性,《央掘魔羅經》中描述得非常詳細:

> 一切諸佛極方便求如來之藏生不可得,不生是佛性,於一切眾生所無量相好清淨莊嚴。一切諸佛極方便求自性不實不可得,真實性是佛性,於一切眾生所無量相好清淨莊嚴。一切諸佛極方便求自性無常不可得,常性是佛性,於一切眾生所無量相好清淨莊嚴。一切諸佛極方便求如來之藏無恒不可得,恒性是佛性,於一切眾生所無量相好清淨莊嚴。一切諸佛極方便求如來之藏變易不可得,不變易性是佛性,於一切眾生所無量相好清淨莊嚴。一切諸佛極方便求如來之藏不寂靜不可得,寂靜性是佛性,於一切眾生所無量相好清淨莊嚴。一切諸佛極方便求如來之藏壞不可得,不壞性是佛性,於一切眾生所無量相好清淨莊嚴。一切諸佛極方便求如來之藏破不可得,不破性是佛性,於一切眾生所無量相好清淨莊嚴。一切諸佛極方便求如來之藏病不可得,無病性是佛性,於一切眾生所無量相好清淨莊嚴。一切諸佛極方便求如來之藏老死不可得,不老死性是佛性,於一切眾生所無量相好清淨莊嚴,一切諸佛極方便求如來之藏

〔註2〕《菩薩本生鬘論》,《大正藏》第3冊,第354頁。

垢不可得，無垢性是佛性，於一切眾生所無量相好清淨莊嚴。〔註3〕

引文的核心內容有四點：其一，佛性能表現為不生、真實性、常性、恒性、不變易性、寂靜性、不壞性、不破性、無病性、不老死性、無垢性，如此說明了佛性的不生滅、無垢淨、無易變毀壞等根本特質。其二，在一切眾生之處，佛性都是「無量相好清淨莊嚴」，說明佛性不因外境、對象而發生易變，永恆表現出無量相好、清淨莊嚴。其三，一切諸佛「極盡方便」而求此「佛性」均不可得，說明佛性如如自在，但凡有求，盡是凡心、識心之運作，恰好背離，不可得見佛性。其四，引文同一語義結構中「求如來之藏」（「如來之藏」即「佛性」）和「求自性」交替運用，在此場合下二者同義，說明「佛性」時常被表述為「自性」。這也證明，在禪宗尚未出現之時，佛教敘事習慣中「佛性」便已有「自性」之說，「自性」因而一直具有「佛性」之義。〔註4〕

禪宗形成後，繼承「佛性論」，並根據自身特色及表意習慣將之演繹為「自性本根論」。當然，其核心含義與原「佛性論」並無太多不同，絕大多數情況下可直接認為「自性即佛性」。如《壇經》中多處記述：

菩提自性，本來清淨，但用此心，直了成佛。〔註5〕

自性若迷，福何可救？〔註6〕

祖已知神秀入門未得，不見自性。〔註7〕

若識自性，一悟即至佛地。〔註8〕

佛向性中作，莫向身外求。自性迷即是眾生，自性覺即是

佛。〔註9〕

上述所引「自性」，實際上就是指「佛性」。不僅如此，禪宗其餘典籍中也有相應表述，如賾藏《古尊宿語錄》云：

性即便是本根自性天真佛故，不可以佛更得佛，不可以無相更

得無相，不可以空更得空，不可以道更得道。本無所得，無得亦不

〔註3〕　《央掘魔羅經》卷二，求那跋陀羅譯，《大正藏》第2冊，第526頁。

〔註4〕　另可參考陳朝真諦所譯《佛性論》，其中對「佛性論」「自性論」所論甚多、甚詳。

〔註5〕　〔唐〕惠能：《壇經》，《大正藏》第48冊，第347頁。

〔註6〕　〔唐〕惠能：《壇經》，《大正藏》第48冊，第348頁。

〔註7〕　〔唐〕惠能：《壇經》，《大正藏》第48冊，第348頁。

〔註8〕　〔唐〕惠能：《壇經》，《大正藏》第48冊，第351頁。

〔註9〕　〔唐〕惠能：《壇經》，《大正藏》第48冊，第352頁。

可得。〔註10〕

錢伊庵《宗範》亦云：

> 心體無滯，即是一切般若智。皆從自性生，不從外入。〔註11〕

諸如此類，莫不在闡述「自性即佛性」。

由此也可看出，「自性」就是「涅槃佛性」之於禪宗的另一種表述。禪宗將「自性」範疇設定為一切思想行為體系產生、存在、運作的「本根」基礎，在此意義上，「自性」與「佛性」已經無甚區別。只不過，較之於「佛性」，「自性」具有更為明顯的人類情感傾向，它強調了「人所具有的佛性」，將那種遙遠而又難以捉摸的終極實相及宇宙原生力「佛性」植入到人生命中，是以更愈切近社會人生。

（二）自性即含藏識

禪宗理念中，「自性」為淨性、淨境、無染無著，而「含藏識」〔註12〕則藏納萬物，凡淨染萬法均在其中，二者並不相同。但某些情形下，兩個概念卻被等同運用。

情形一，「自性」被降格為「含藏識」使用。《壇經》中說：

> 自性含萬法，名為含藏識。思量即轉識，生六識，出六門、六塵，是三六十八。由自性邪，起十八邪；若自性正，起十八正。惡用即眾生，善用即佛。用由何等？由自性有。〔註13〕

據引文，「自性」首先在表意上可等同於「含藏識」，即「自性含萬法，名為含藏識」。其次，「自性」有「正邪」，「由自性邪，起十八邪；若自性正，起十八正。」嚴格意義上的自性是沒有正邪的，只有含藏識才會有。故可知，此處的「自性」已經被當做「含藏識」來運用。不過，需要注意的是，部分禪者常常在「自性觀照」的宏觀心性視野下展開自性的表述、闡釋。故而「自性即含藏識」實際並不單維，而是具有禪的終極視野，本質上還是有「自性本體」「佛性真如」的內義。

〔註10〕〔宋〕賾藏：《古尊宿語錄》卷三，《卍新續藏》第 68 冊，第 19 頁。

〔註11〕〔清〕錢伊庵：《宗範》，《卍續藏》第 65 冊，第 288 頁。

〔註12〕含藏識：即「阿賴耶識」，為八識（眼、耳、鼻、舌、身、意、末那、阿賴耶識）之一，又作阿羅耶識、阿黎耶識、阿剌耶識、阿梨耶識等名。此識收藏一切「淨染」業，故稱含藏。佛教認為一切淨染之現象都從中幻化而出，故也稱種子識。

〔註13〕〔唐〕惠能：《壇經》，《大正藏》第 48 冊，第 343 頁。

情形二，「含藏識」被升格為「自性」使用。如《壇經》云「自性能含萬法是大」〔註14〕，其中自性無疑具有「含藏識」之意。又如《宗鏡錄》中載：

> 大悲和尚云：「能知自心性含於萬法，終不別求。念念工夫，入於實相。若不見是義，勒苦累劫，亦無工夫。」〔註15〕

此處「自心性含於萬法」其實是指「自心性含萬法」，自家心性既含攝萬法，且通過念念工夫能入自心性，則此「心性」便是能存藏一切信息、經歷、淨染之「含藏識」。表述者雖有指稱「自性體」之目的，但實際上僅僅做到了假借「自性」之名，指稱了「含藏識」，「含藏識」已被升格。當然，其中暗含的隱義是含藏識中有自性，只不過被雜纏覆蓋，一旦覺觀直用，也即自性作用。〔註16〕這種表述也影響了禪宗的大多數後學，例如清代唐時《如來香》云：

> 性含萬德，體絕百非。如淨月輪，圓滿無缺。惑雲所覆，不自覺知。妄惑既除，真心本淨。十方諸佛，一切眾生。與我此心，三無差別。此即菩提心體也。〔註17〕

唐時雖在宣講「菩提心」「本性」之遍一切處、含一切法，但真正意義上的「自性」遍一切處卻非含一切法，而是「自顯現一切法」，但凡有能含所含，即非清淨自性；能含者，其實是「含藏識」。此處明顯是將能含攝一切淨垢的「含藏識」當做了「自性」。

情形三，將「含藏識境」誤讀為「自性境」。禪宗在很多場景下強調「頓悟見性」「直用此心」，理論上無礙，但實踐中卻非「徹悟徹證」「自性任運」，而是「含藏識」的參與。例如《壇經》記述惠能度慧明時云：

> 惠明至，提掇不動，乃喚云：「行者！行者！我為法來，不為衣來。」惠能遂出，坐磐石上。惠明作禮云：「望行者為我說法。」惠能云：「汝既為法而來，可屏息諸緣，勿生一念。吾為汝說。」明良久。惠能云：「不思善，不思惡，正與麼時，那個是明上座本來面目？」惠明言下大悟。復問云：「上來密語密意外，還更有密

〔註14〕〔唐〕惠能：《壇經》，《大正藏》第 48 冊，第 350 頁。
〔註15〕〔宋〕延壽：《宗鏡錄》卷九十八，《大正藏》第 48 冊，第 944 頁。
〔註16〕此類論述，均在說明自性本有於含藏識中，去除蒙蔽，即能呈現。但在運用時，卻已經將「結果」當做自性顯用，將「含藏識」當做「自性」，將「含藏識之用」認為是「自性之用」。
〔註17〕〔清〕唐時編：《如來香》，《國家圖書館善本佛典》第 52 冊，第 845 頁。

意否？」惠能云：「與汝說者，即非密也。汝若返照，密在汝邊。」明曰：「惠明雖在黃梅，實未省自己面目。今蒙指示，如人飲水，冷暖自知。今行者即惠明師也。」惠能曰：「汝若如是，吾與汝同師黃梅，善自護持。」明又問：「惠明今後向甚處去？」惠能曰：「逢袁則止，遇蒙則居。」〔註18〕

雖然慧明已經不生一念，言下大悟，如人飲水，冷暖自知，但從他進一步詢問更深密意及之後走向來看，他所體證、感受到的「自性境」只時一瞬，主要還是淨染交纏、諸法雜合的「含藏識境」，尚不能自了，所以惠能才交代他要善自護持。而後世部分修習者、解經者卻將此類境界當做「真實自性境」，某種程度上講乃屬於「含藏識即自性」的誤讀。

總體而言，「自性」根本所指，毫無疑問是生命本自具足的真如佛性，但在具體的表述中，則會出現自性指代含藏識的情況。特定情況下，是禪者的圓融任運，回還辯用。但有些情況下，卻是禪人未辨識清楚而形成的指稱。故而對「自性即含藏識」之義，需要在具體情況下具體辯證地探究辨清。

（三）自性即人性

嚴格意義上講，「自性」並不等同於「人性」。人性包含生理屬性、心理屬性、社會屬性、超越屬性，無疑「有染有淨」；而「自性」則一般指清淨無染的本來面目。只是在禪宗某些語境下，二者的含義有所衍變，才會形成同指。

第一，禪宗確實存在將「人性」等同於「自性」的情況。《壇經》中說：

若言看淨，人性本淨，為妄念故，蓋覆真如。離妄念，本性淨。

不見自性本淨，起心看淨，卻生淨妄，妄無處所。〔註19〕

經文說「人性本淨」，無疑已將「人性等同於自性」。另如道原《景德傳燈錄》云：「非長非短非大小，還與諸人性相同。」〔註20〕其中「諸人性」實則是「諸人之性」的表達，「人」「性」分屬兩處，並不是一個詞，但其中隱藏著的含義也在指說「諸人的自性」，實與「自性」同義。

此外再如《古尊宿語錄》卷四十五《上高李居士求頌》云：

李翁李翁，慧性自通。知身幻妄，處世皆空。尊卑貴賤，暫且相逢。共若朝露，總如春紅。倏忽變滅，誰是我儂。唯心即佛，靈

〔註18〕〔唐〕惠能：《壇經》，《大正藏》第 48 冊，第 349 頁。
〔註19〕〔唐〕惠能：《壇經》（敦煌本），《大正藏》第 48 冊，第 338 頁。
〔註20〕〔宋〕道原：《景德傳燈錄》，《大正藏》第 51 冊，第 260 頁。

妙難窮。長生不死，人性皆同。明明日用，不自信崇。悟無彼此，

迷有西東。〔註21〕

此處直接以具體的人說具體的慧性相通、人性皆同、明明日用，更增添了「自性即人性」的意蘊傾向。這意味著在此語境下，「人性」已經不是有染有淨的「人的特性、屬性」，而直接就是生命最根本的本性、自性、佛性。

第二，禪宗認為人性有染淨，去染存淨即為清淨自性。如《壇經》云：

菩提般若之智，世人本自有之。〔註22〕

自性能含萬法是大，萬法在諸人性中。〔註23〕

我本元自性清淨，若識自心見性，皆成佛道。〔註24〕

自性常清淨，世人性常清淨，萬法自性生。〔註25〕

可以說，這是禪的一個基本前提，如果人性中沒有清淨自性的存在，人又到哪裏去確證自性的圓滿？但如果單指「淨」的一面，「人性」無疑就已絕對等同於「自性」「佛性」。故而，從禪宗對人性的辯證態度看，我們對「人性本淨」的研究，顯然就只能重在強調「具有」這一層面上，而不能真的就定位為「人性即自性」。

這也是禪宗開悟見性的一般邏輯。既然人性中有染有淨，去除掉「染」，則「淨」就自然呈現了。惠能說：「人我是須彌。除人我，須彌倒。」〔註26〕換句話說，造成人類自性無法顯現的原因，就是個體之我（人的屬性）的形成、迷失。《景德傳燈錄》卷七中也強調了這種事實，云：

有僧問：「道在何處？」

師曰：「只在目前。」

曰：「我何不見？」

師曰：「汝有我故，所以不見。」〔註27〕

從禪宗的表意系統看，自性具有「形而上卻又分有於人性」的屬性，「人有自性」，故而一旦得以純淨化，「人性」也就是「自性」。如無此前提，便貿然將「人性具自性」等同於「人性即自性」，顯然不足以說服人。因為「真常

〔註21〕〔宋〕賾藏：《古尊宿語錄》卷四十五，《卍新續藏》第 68 冊，第 301 頁。

〔註22〕〔唐〕惠能：《壇經》，《大正藏》第 48 冊，第 350 頁。

〔註23〕〔唐〕惠能：《壇經》，《大正藏》第 48 冊，第 350 頁。

〔註24〕〔唐〕惠能：《壇經》，《大正藏》第 48 冊，第 350 頁。

〔註25〕〔唐〕惠能：《壇經》（敦煌本），《大正藏》第 48 冊，第 339 頁。

〔註26〕〔唐〕惠能：《壇經》，《大正藏》第 48 冊，第 352 頁。

〔註27〕〔宋〕道原：《景德傳燈錄》卷七，《大正藏》第 51 冊，第 255 頁。

性有不遍之處」〔註28〕，人自身含有很多阻礙「自性」顯現的因素，單憑這些因素，就證明人不可能等同於佛。只不過，禪宗講自性時，常常是穿透邏輯的各種表象形式，直接取其本根意義，以此來破除人性中的「染」業。這樣一來，禪法建立起了一種存在依據，受眾也不至於以為不修行自己就已經是佛。而且，修行也有明確的目標：除卻自身的「不淨」因，也就頓見自性，成就「佛果」。

禪宗常常有「我」「無我」的區分，「我」常意指有局限的主體之我，即所謂「人我」。既然有局限，就會造成生命存在中的障礙。生命中的各種痛苦，幸福缺失，就源自於「人我」的局限。而「無我」則指無所障礙的生命本然狀態，它並不是「比人我更大的我」，而是指超越「人我」之後自然顯現的「無我」境界。證得「無我」，即可獲取心靈的絕對自由。用現代的表述方式來講，「染」（人我）就是某種固定、有缺陷的人格模式；而「淨」（無我）就是不受固化人格限制，具有無限生命力的源泉所在，它可以根據具體需要而顯化出最理想的人格力量。這種「淨」境界的呈現邏輯遠沒有想像中複雜：人的生命本來「智如日，慧如月，智慧常明」〔註29〕，然而「世人性常浮遊，如彼天雲」〔註30〕「於外著境，被妄念浮雲蓋覆自性」〔註31〕，如能除盡這些浮雲遮蓋，「淨」也就呈現了，於是就可以自然、合理地表述「自性即人性」。

第三，自性法因人而設，具有人性特質，是以將自性認為是人性。禪宗這一目的非常突出。惠能在《壇經》中說：

> 一切修多羅及諸文字，大小二乘，十二部經，皆因人置。因智慧性，方能建立。若無世人，一切萬法本自不有。故知萬法本自人興，一切經書，因人說有。〔註32〕

引文點出了禪法的現實功用，一切經書，也都是人類用智慧建立起來的。如果沒有「人」這種生命存在，禪法也就不可能產生，即使產生，也是針對於另外生命形體發生作用了。

有了這一前提，自性與人性的等同便有了現實基礎。有學者就認為：「惠能在此實際上再次確認了人的地位，確立了人是萬物之最尊的觀念。當然，

〔註28〕〔唐〕惠能：《壇經》，《大正藏》第48冊，第359頁。
〔註29〕〔唐〕惠能：《壇經》，《大正藏》第48冊，第353頁。
〔註30〕〔唐〕惠能：《壇經》，《大正藏》第48冊，第353頁。
〔註31〕〔唐〕惠能：《壇經》，《大正藏》第48冊，第353頁。
〔註32〕〔唐〕惠能：《壇經》，《大正藏》第48冊，第350頁。

他並不是去反對佛教的萬法平等、無有高下的觀念，他只是想說明，佛教所要解決的最主要問題是人生的解脫問題。眾生的解脫問題，也就是說，首先是要解決人自身的問題，這就要求一切從人出發，從具體的、現實的人出發，從世俗生活中妄念流動的人出發，而不是從外在的神或佛出發，從外在的價值、法則、權威出發。因此，不是『神本主義』的，而是『人本主義』的，而且和西方文藝復興時期的人文主義思潮有著許多的相似之處。」〔註33〕禪強調的是自身對於人類的功用，故而其體系中當然包含著「人本主義」甚至是「人文主義」思想和價值。〔註34〕這也是「自性即人性」的體現。

禪宗所謂「萬法本自人興」透露了一個很重要的邏輯，即「自性智慧」是藏在「人性」中的，所以人才會去建立三藏十二部。於是，探討「人性」，就是在找通往「人性中的自性」的媒介。禪宗典籍中不止一次地闡述了這種觀點。例如，惠能對張日用說「下下人有上上智」〔註35〕，即在表明即使地位再低下的人，其人性中也有自性存在。另外，《壇經·行由品》中，當惠能為韋使君等人講法完畢，「聞了各自除疑，如先代聖人無別」〔註36〕，也證明眾人心中有「聖人性」，才會成就佛智，與聖人無別。「這樣，佛性就成為人心中的一種本性，人心就是佛心，心性相同，相輔相成，人能直指心性，也就體現了真如佛性。真如佛性既內在地與自性合一，又超越於自性之上，它是道德目標的終極理想。人只要明心見性，就能與此理想相契。」〔註37〕即只要個體確證了自心的大智慧，就是得到了佛性、自性。在禪宗體系內，既然佛性是宇宙人生的最高原則和根本實相，人的最終實質也就是宇宙精神的實質。於是，人性自然也就是禪宗所說的自性。

總言之，在禪宗而言，「人性」常和「自性」有非常密切的關係，某種程度上，人性就是自性。有學者以惠能禪為例談到：「惠能所講的心是人性，所講的性是人性。這種人性，就是惠能所指的佛性。惠能言人性處，多是言佛性，因此，惠能是在人性論的立場上講佛性論的。」〔註38〕惠能從「人」自

〔註33〕董群：《惠能與中國文化》，貴州人民出版社，2001年，第61～62頁。
〔註34〕但其主旨卻不在於確立認的主體地位，而恰好是要破除人的主體觀念，達到真正的智慧性。故而也不能簡單稱為「人本主義」「人文主義」。
〔註35〕〔唐〕惠能：《壇經》，《大正藏》第48冊，第348頁。
〔註36〕〔唐〕惠能：《壇經》，《大正藏》第48冊，第349頁。
〔註37〕溫金玉：《自性即佛的人格本體論──禪宗倫理研究之二》，《道德與文明》1992年第5期。
〔註38〕董群：《惠能與中國文化》，貴州人民出版社，2001年，第58頁。

身出發挖掘人性中具有的佛性、自性,「禪悟」就顯得直接多了。但是,嚴格地講,「人性」畢竟不是佛性、自性,人性中含有佛性、自性,但人性有染淨,而佛性、自性沒有。人往往身處染業,並非人人都是天然佛。故而,禪宗對「人性」的闡釋,終究還是不同於「自性」的。儘管禪宗強調人人都有「自性」,但並未說人人都已直接證悟,而是以「自性」作為指標,破除生命中的「不淨」,顯現人性中的完美自性,才是智慧解脫。人性中有「淨」,只是提供了解脫成佛的機會、基礎而已,但顯然,禪宗的相關言說往往直接指向「本具之自性」,強調自性直用,頓悟直了,宣講「自性即人性」並不違背禪宗的基本理論。

(四)自性即萬法

一般而言,禪宗對生命的闡述有「性」「法」(相)兩個層面。但在特定語境下,禪宗也會將「萬法」指稱為「自性」,其原因是一切萬法萬相都從自性顯化而成,而且具備自性本體。例如敦煌本《壇經》云:

> 性含萬法是大,萬法盡是自性。見一切人及非人,惡之與善,惡法善法,盡皆不捨,不可染著,猶如虛空,名之為大,此是摩訶行。〔註39〕

明代鮑宗肇《天樂鳴空集》中也載:

> 古德曰:「毘盧本絕多端相,青即青兮黃即黃。」又曰:「青青翠竹真如境,鬱鬱黃花古佛心。」〔註40〕

理論上講,萬法當然是自性的顯現,毘盧佛性可顯現為青、黃,青青翠竹真如境,鬱鬱黃花古佛心。但是,這是有條件的。唐代大顛《般若心經批註》對此說得非常清楚:

> 密之一字,喻於太虛能包萬法。太虛之中,森羅萬象,情與無情,總在太虛之內。萬法是心之異名,分為八萬四千,廣則無窮無盡,心生種種法生,心滅種種法滅。這一個字,人人盡有,不能自見,說亦不信,喚作一字法門。眾生不信是心是佛,佛有多動方便,指眾生見自本性。青青翠竹,盡是真如,須是親見真如;鬱鬱黃華,無非般若,須是親見般若。〔註41〕

〔註39〕〔唐〕惠能:《壇經》(敦煌本),《大正藏》第48冊,第339頁。
〔註40〕〔明〕鮑宗肇述:《天樂鳴空集》,蕅益智旭訂,《嘉興藏》第20冊,第492頁。
〔註41〕〔唐〕大顛:《般若心經批註》,《卍新續藏》第26冊,第949頁。

　　大顛認為「萬法是心之異名」，「青青翠竹，盡是真如」的條件「須是親見真如」，「鬱鬱黃華，無非般若」的條件「須是親見般若」。否則，都只是理論邏輯上的推演，心識的臆想。

　　類似的闡述還有永明延壽《心賦注》卷二所云：

> 若以無障礙法界為宗，則法性即佛性，知一切法即心自性。若以心性為佛性者，無法非心性，則不隔內外，而體非內外。內外屬相，性不同相，何有內外！然迷一性而變成外。外既唯心，何有非佛！所變無實。故說牆壁，言無佛性。以性該相，無非性矣，如煙因火，煙即是火，而煙鬱火。依性起相，相臀於性，如即水成波，波即是水。境因心變，境不異心。心若有性，境寧非有？況心與境，皆即真性。真性不二，心境豈乖！〔註42〕

　　永明延壽明確說，「法性即佛性，知一切法即心自性」的根本前提是「以無障礙法界為宗」，有此前提則無法不是心性，無內外之說、之分；然而一旦「迷一性」，則一切就變成了「內外」對立，萬法不再是自性。

　　故而，「自性即萬法」之說於禪宗並無不妥，但此說除了理論上的圓融表述，更為主要的還需要實證上的見性。否則便法是法，性是性。

（五）自性即人倫、道德、家國

　　禪宗思想發展過程中，與中國儒道等各大思想體系本土化融合，「自性」一詞已不再局限於單獨的「禪宗本根論」含義，而是已引申、泛化到了諸多領域。甚至涉及世俗社會、道德倫理、家國情懷。其中最有代表性的是憨山德清《自性說》一文，專門論述自性之廣義，幾乎囊括了前文種種，而且又屢有創新，值得一探。茲錄：

> 嘗謂人生而主之者性，性一而品不一。至有聖賢之分者，以有生知學知困知之不同。由夫習之厚薄，故成有難易。生知之聖，故不世見，學困之知，正在習之厚薄耳。故曰「性近習遠」，其是之謂乎。
>
> 吾人多在學地，其用力之功，不必向外馳求，當知自性為主，於此著力，不能頓見自性，當驗習氣厚薄，切磋琢磨，於根本處著力。譬如磨鏡，塵垢若除，光明自現。吾人日用工夫，最簡最切，無過於此。故曰：學道之要但治習，習盡而性自盡耳。以其自性本明，更無

增益，唯在人慾障蔽，貪瞋癡愛而為種子，沉湎其中，故為所困。是知困非窮困之困，蓋為惡習所困耳。孔子曰：不為酒困。此特被困之一端，凡厥有生，所困非一。不為諸障困，便稱大力量人。

故學道人，第一先具勇猛根骨，如一人與萬人敵，大似李廣單騎，出入虜庭。吾人果於聲色貨利物慾場中，單刀出入，足稱雄猛丈夫。以此言學，但於不困處便見自性，非是離困之外，別求學知之功也。

所以禪家言立地成佛者，乃頓見自性而已，非是別有一佛可成。佛者覺也，即自己本有光明覺性。能見此性，立地便是聖人。到此則不見有生學困知之異，始是盡性工夫。此性一盡，則以之事君為真忠，以之事親為真孝，以之交友為真信，以之於夫婦為真和。施之於天下國家，凡有所作，一事一法，皆為不朽之功業。所謂功大名顯者無他術，由夫真耳。

己酉冬暮，予舟次芙蓉江上。章含黎子見訪，睹其光儀瑩然冰玉，溫厚和雅，是其多生遊心性地，習氣消磨，故發現於形儀之表者如此。即從此增進用力不已，直至私欲淨盡之地，聖賢不期至而自至耳。若夫功名事業，如響應聲，似影隨形，猶欬唾之餘耳。故曰道之真以治身，其緒余以為天下國家，是皆自性之真光，非分外事也，君其志之。〔註43〕

憨山德清是明代禪宗的集大成者，其思想體系中，「自性」範疇不再局限於禪門，還與入世出世等價值觀深度融合，儒釋道合一特色非常顯明而突出，在禪宗傳承過程中極有代表性。當然，憨山德清的《自性說》實源於佛教、禪宗的自性本根論，其「自性」內涵還是清淨無染之佛性、本性，在儒道價值觀中的引申，仍是在禪宗理論基礎上的拓展，論有所據。

造成「自性有多義」這一情況的原因很多，最為主要者，一是因緣而說，隨遇所破，禪宗自性理論在不同時代、不同語境中結合具體文化語境，延伸出了新的含義；二是禪家的中觀辯證之法，正說反說，不離自性；三是部分禪人確實在事實上將某些對象、境界誤認為是自性。總之，這一現象並不是簡單的是非對錯可以概括，值得進一步深入研究。

〔註43〕〔明〕憨山德清：《憨山老人夢遊集》卷三十九，《卍新續藏》第73冊，第754頁。

二、自性並非絕對實體或超驗理念

　　人類意識心常常限於判別、揀擇，導致「自性」常常被理解為某種絕對實體或超驗理念，故而「自性」概念須立，但更須破。

　　人類生命現象的局限性，來源於人類對自我既成模式的執著，即以這一固定模式下的思維方式理解生命的存在。其實，這種理解並不是人類主觀想要如此，而是受限於自我的生命局限，不得不如此。這就面臨著一個問題，人們給「自性」下定義，並在一定範圍上作規定性，容易引起一種誤解，認為「自性」就是一種絕對實體或固定的超驗理念存在。實際上，「自性」除了視野的「本根」以外，更因其徹底、非固定的「無念」。

　　自性是以禪的視角來看待生命的，而禪的智慧之所以透徹，就在於它在終極視野中「隨說隨破」〔註44〕，因為某種事物一旦產生，人類的「觀念」就會將它當成為一種固定結構，於是就會限制本根力量的發生、顯用。關於這方面，禪宗多認為：「若悟自性，亦不立菩提涅槃，亦不立解脫知見。無一法可得，方能建立萬法。」〔註45〕這樣的生命狀態，才沒有任何障礙執著。

　　本研究對「自性」的系統闡述，本意即在破除現象層、心識層的固定局限模式，讓生命體現出永恆流動、生生不息的創造性。故而，對「自性」的理解就應該是開放的，不但要解透，更要證通，超離人我層面的執持。

三、自性的終極義域實為生命證境

　　禪宗的「自性」所指固然是學術思維、概念名言，但實際上更是具有流動性、活性的生命證境，即須開悟見性，才能夠真正印證自性內涵，真正對應自性境界。如《壇經》說：

　　　　若起正真般若觀照，一剎那間，妄念俱滅。若識自性，一悟即

　　至佛地。〔註46〕

　　若真正認識、體悟到此「自性」，就已是「妄念俱滅」，就是開悟解脫。換言之，如果不能開悟解脫，自然就意味著不識自性。例如《壇經》中描寫神秀書偈語時云：

〔註44〕《金剛經》所云：「諸微塵如來說非微塵，是名微塵。」「如來說第一波羅蜜非第一波羅蜜，是名第一波羅蜜。」凡此種種表達模式，即為「隨說隨破」，不令執著於相。

〔註45〕〔唐〕惠能：《壇經》，《大正藏》第 48 冊，第 358 頁。

〔註46〕〔唐〕惠能：《壇經》，《大正藏》第 48 冊，第 350 頁。

祖三更喚秀入堂，問曰：「偈是汝作否？」秀言：「實是秀作，不敢妄求祖位，望和尚慈悲，看弟子有少智慧否？」祖曰：「汝作此偈，未見本性，只到門外，未入門內。如此見解，覓無上菩提，了不可得；無上菩提，須得言下識自本心，見自本性不生不滅；於一切時中，念念自見萬法無滯，一真一切真，萬境自如如。如如之心，即是真實。若如是見，即是無上菩提之自性也。汝且去，一兩日思惟，更作一偈，將來吾看；汝偈若入得門，付汝衣法。」神秀作禮而出。又經數日，作偈不成，心中恍惚，神思不安，猶如夢中，行坐不樂。〔註47〕

歷史上的神秀其人未必如此，但經書中所記神秀被定位為只知禪理、力舉漸修的義學沙門，被弘忍教訓為「未見本性，只到門外，未入門內」。如此當然也就意味著未曾證得自性，儘管口說「自性」，但未解自性內涵。

對已經識得自性的惠能，弘忍則是另一種教言：

更欲與語，且見徒眾總在左右，乃令隨眾作務。惠能曰：「惠能啟和尚，弟子自心，常生智慧，不離自性，即是福田。未審和尚教作何務？」祖云：「這獦獠根性大利！汝更勿言，著槽廠去。」〔註48〕

惠能的回答樸實、普通，說自己自心常生智慧，已不離自性。弘忍認證了惠能根性大利，並安排他到槽廠幹活。此後，還進一步為惠能講解《金剛經》，傳授衣缽，惠能也因此對自性產生了更深透的體貼認知，並發出了何期自性本自清淨、何期自性本不生滅、何期自性本自具足、何期自性本無動搖、何期自性能生萬法的感慨。

也就是說，自性作為概念，人人可說，自性作為理論，也人人可闡述；但自性作為義域更為深廣的證境，則需要實際親證，才能完整把握其含義、境界。人的意識屬性也決定了如果不實際親證，還是會限於自身的視域而將「自性」執著為某一概念，某一境界，而非禪宗所指「自性真實義」。

第二節　自性的屬性

在禪宗理論視野中，「自性」無所不包而又不可思議，這是從超越思維、心

〔註47〕〔唐〕惠能：《壇經》，《大正藏》第48冊，第348頁。
〔註48〕〔唐〕惠能：《壇經》，《大正藏》第48冊，第350頁。

識運作的角度說的。如果從學術研究的角度看，當然可以對之進行描摹、分析。《壇經·行由品》中，惠能曾以「五個何期」概括了「自性」的含義及特質：「祖以袈裟遮圍，不令人見，為說《金剛經》。至『應無所住而生其心』，惠能言下大悟：『一切萬法，不離自性。』遂啟祖言：『何期自性本自清淨，何期自性本不生滅，何期自性本自具足，何期自性本無動搖，何期自性能生萬法。』」〔註49〕惠能所言為「自性」的核心屬性，但綜合而言，「自性」的屬性顯然遠不止這五方面。〔註50〕此處可結合「五個何期」及自性的其餘屬性展開詮說。

一、自性本自清淨

「本自清淨」指自性的無染性。「清淨」可以有很多層意思，有心清淨、身清淨、相清淨等各種。固然，作為生命之源的自性是無法說染淨的，一有染淨，就說明落在了其次上，再也不是本根，而是生發出來的作用了。惠能在這裡將自性描述為「清淨」，旨在說明心體一旦清淨，萬物就會自然顯化。實質上，自性只是一個純粹的「清淨之體」，如果要生發出「萬法」，還必須有「善不善緣」作為刺激因素。不善緣發生作用，自然就障蔽了清淨體。此處引入天台性具善惡略加闡釋，所謂的性有善惡，就必然是指「善惡因緣」或者是「善惡之根」。智者《觀音玄義》所言可用以解釋這種原理：「問：闡提與佛斷何等善惡？答：闡提斷修善盡但性善在，佛斷修惡盡但性惡在。」〔註51〕從自性的實質看，它是不垢不淨的無相實相，永恆寂寥地存在著。但「實相」畢竟要顯化為「相」，而善惡就因緣和合，引動自性真如顯化出「相」。言下之意，沒有「因緣」，自性就不可能發生作用。不過，這些並不妨礙自性的清淨自在。禪宗用「清淨」來描述性體，當然是指還沒有發生作用之前的生命本根，因為清淨，它才具備了顯現「一切萬法」的基礎。

二、自性本不生滅

「本不生滅」指自性的永恆性。《心經》中也說，空性「不生不滅」。生

〔註49〕〔唐〕惠能：《壇經》，《大正藏》第 48 冊，第 349 頁。
〔註50〕可以說，這五個「何期自性」的表述，是整個惠能禪體系的概括，同時也是整個禪宗對自性所具屬性的歸納。禪宗之禪法，包括惠能禪之前者，都是圍繞著這幾個綱目展開的。「一切萬法，不離自性」，就指明了自性是諸現象之源，任何生命現象都是自性的作用。惠能在這五個「何期自性」中，雖然重點指出了那個「根本」的「本來面目」，但更重者還在於描述其屬性及功能。
〔註51〕〔隋〕智者：《觀音玄義》，《大正藏》第 34 冊，第 882 頁。

滅，本來是指現象上變化，但「本根」不生不滅，自然就超越了現象層的存在。這種不生不滅的本根存在也是一種生命力，只不過它屬於生命現象的「內質」。禪宗將「自性」的這種屬性指了出來，就為生命現象的生滅找到了一處最終歸屬。作為人自身，生命結構包括生命現象和生命本根。生命現象會結束，但生命本根還在，生命現象的消失不過是回歸於生命本根而已。「自我」常常會按照經驗邏輯發出疑問：生命現象結束了，「我」也就消失了，即使有「生命本根」的存在，那也是一種沒有任何感覺的存在形式，它的存在還如何滿足「現象之我」的需求？實質上，「我」不過是「本根」的顯化，而非「本根是我的」。當生命現象消失，「我」也就變成了另一種形式，不過生命的「自性真我」並不會消失。這也是禪宗認為自性「本不生滅」的理論模式。

三、自性本自具足

「本自具足」指自性的圓滿性。從唯識理論講，生命中的任何一種信息均含藏在自性之中，「能遍任持世出世間諸種子」，〔註52〕包括善不善各種元素。然而，生命的本根自性，又不是善不善、常不常所能夠影響的。確證自性，就可以得到生命的永恆。而生命現象上的生死憂患、諸種苦惱就可以斷除，生命就可以顯現出自性的無窮生命力。自性的圓滿性還體現在另一方面，生命現象的局限常常阻礙了自性的顯現，但自性並不因此消失，它依然空空靈靈、完美具足的存在著，當意識層面的局限一旦破除，自性的本來面目就自然呈現。這個自性，並不是人為塑造、雕琢出來的，它就是「如此」存在。關鍵在於個體生命能不能突破自我，發掘出它的圓滿面目。

四、自性本無動搖

「本無動搖」指自性的穩固性。既然自性是生命的終極源泉，也就意味著牢不可破。一般而言，斷盡邪見，除盡污染，這個本無動搖的生命本體就自然顯現了。然而禪宗「自性」堅固不動搖的程度，甚至與一切斷除、一切修行均無關係，如憨山德清云：「一切聖凡本來無二無別，吾人即具此眼、轉此經、度此眾生。雖云使盡大悲，行盡大願，經剎塵劫了無疲厭，縱然如是，亦非衲僧本分事，何以故？以淨法界中本無動搖、去來、凡聖諸影像故，且此殊勝影像尚無，況諸妄想知見，佛法禪道種種取捨，諸顛倒相虛妄影耶！」〔註53〕也

〔註52〕《成唯識論》，《大正藏》第 31 冊，第 13 頁。
〔註53〕〔明〕德清：《憨山老人夢遊全集》卷一，《嘉興藏》第 22 冊，第 739 頁。

因如此，「自性」在有的地方被稱為「自性金剛」，能斷一切見：「云何立名？名『金剛能斷』者，此名有二義相應應知，如說入正見行、入邪見行故。金剛者，細、牢故。細者，智因故。牢者，不可壞故。能斷者，般若波羅蜜中聞思修所斷，如金剛斷處而斷故，是名金剛能斷。」〔註54〕以此穩固、能斷，故而才被視為不生不滅、不動不搖之生命本根。

五、自性能生萬法

　　「能生萬法」指自性的創生性。之前已經講過，禪宗的「自性」其實可以歸結為「性體」和「法相」兩方面。屬性不過也是關於「性體」的描述，而「妙用」本質上也是「性體」的屬性，只不過它已經「顯現為對象」而已。從自性生命本根的角度講，這種「生」正是一切萬象的生命力所在，也就是生命顯現所要尋求的本根力量。禪宗在諸多場合均會詮釋這種生命內質，如惠能《壇經》云：「須知一切萬法，皆從自性起用。」〔註55〕又如清代真在《徑石滴乳集》云：「直向那邊更那邊立地回覷，始知世間產業資生，皆從自性流出，此猶是合頭語。古人謂之繫驢橛，亦謂之貼肉汗衫。在今諸方，往往坐在個裏。」〔註56〕最重要的是，這種本根創生力量不再是不可琢磨的彼岸產物，而是每個生命都具有的自性創造力，要獲得這種強大、完美、源源不絕的生命力量，只要從內心來挖掘、實證即可。

六、自性能覺能照

　　「能覺能照」指自性的功能性。須知自性無時不在諦觀一切虛實，澈照一切苦樂，澄現一切迷悟。也只有用此覺照，才能真正出離妄想，證得解脫。如李通玄云：「光明覺品，令信心者，自以自心光明，覺照一切無間、無盡、大千世界，總佛境界，自亦同等。以心隨光，一一照之。心境合一，內外見亡。初三千大千世界已，次還以東方為首。光至東方十三千世界，照百三千大千世界。如是十方十重，倍倍周回。十方圓照，身心一性，無礙遍周，同佛境界。」〔註57〕又如雲門湛然云：「身猶萬象，性猶虛空，萬象去來生滅不

〔註54〕〔古印度〕無著：《金剛般若論》卷上，〔隋〕南印度三藏達磨笈多譯，《大正藏》第25冊，第759頁。

〔註55〕〔唐〕惠能：《壇經》，《大正藏》第48冊，第358頁。

〔註56〕〔清〕真在：《徑石滴乳集》卷三，《卍新續藏》第67冊，第529頁。

〔註57〕〔唐〕李通玄撰：《新華嚴經論》卷十四，《大正藏》第36冊，第808頁。

停,皆為虛空之所容受。而虛空亙古亙今,凝然不變也。身之動靜生滅,莫不皆現自性之中,而自性能知去來動靜生滅。」〔註58〕但需要明瞭的是,自性之能覺能照並非識心臆想強求之覺照。這一道理,博山無異元來《答不執修證不廢修證問》中說道:「吾宗門下,毋論利鈍賢愚,但以信而入。既發起猛利心,如坐在鐵壁銀山,祇求迸出。諸妄想心悉不能入觀照,功行安將寄乎?果得一念迸開,如披雲見天,如獲故物。觀照功行亦何所施,祇貴參究之念甚切。其參究亦涉於功行,但不以功行立名。如看破世緣,切究至道,亦涉於觀照,但不以觀照立名。如圓覺云:『惟除頓覺人,並法不隨順。』若以觀照為事,則有能觀能照之心,必有所觀所照之境,能所對立,非妄而何!」〔註59〕此處無異元來提倡「以信而入」,貶斥「覺照」。但其實,無異元來貶斥的是以心意識強行覺照,而非自動能覺能照之自性觀照。

七、自性離相離形

「離相離形」指自性的「超越性」。作為終極性本根存在,自有其徹底性,生命現象從中而生,就取得了最根本的終極價值。但是,以此作為生命永恆存在的依據,並不等於個體就能夠切切實實地做到生命的永恆。因為個體一旦產生,其實就天然地與「體性」割裂開來。關於自性本體的存在,實質上是個體在發現自身的局限性時,重新審視自己的生命。突破自身的障礙,最後才發現,自己也不過是從這種本根力量中創生出來的,於是又重新去確證這種本已具有的本根價值。這就面臨著這樣一個問題:這種終極境界無疑已經存在,但是當人沒有突破個體局限時,自身的作為就只能發生在個體的存在模式中,無法瞭解個體之外的自性世界。即使通過各種知識體系,獲知了這種理想境界的存在,也仍然是以有局限的個體思維推知的。故而,當個體在尋求這種終極價值時,必須擊碎現存的固有模式,從而自然融入性體。即《壇經》所云:「出真出妄,即見佛性。」〔註60〕也只有這樣,自性的生命性才可以完美展現。這就要求修持者離相離形,否則都不可能真正見性。如雲門湛然所說:「然我自性,若存若滅,若去若來,皆現知中湛然常住。更求方

〔註58〕〔明〕湛然圓澄:《雲門湛然澄禪師語錄》卷七,《卍新續藏》第72冊,第819頁。

〔註59〕〔明〕無異元來:《博山和尚參禪警語》卷下,成正集,《卍新續藏》第63冊,第767頁。

〔註60〕〔唐〕惠能:《壇經》,《大正藏》第48冊,第353頁。

所，似差一著也。」〔註61〕「方所」即是形相，有形有相，自然「似差一著」，故須破除至「離相離形」。禪宗這種破法往往「不可思議」，例如，惠能在考察弟子時提出了一個問題：「吾有一物，無頭無尾，無名無字，無背無面，諸人還識否？」神會回答：「是諸佛之本根，神會之佛性。」此答立刻招來惠能呵斥：「向汝道無名無字，汝便喚作本根、佛性。汝向去有把茅蓋頭，也只成個知解宗徒。」〔註62〕如果按照禪學邏輯理會，惠能問的就是「自性」，而神會回答的也是標準答案。但神會的內心形成了一個「固定結構」，著相著形，已違反了自性本根的無我境界，他當時體悟到的就不會是真正的「自性生命」，故被斥為「知解宗徒」。因此，自性作為終極價值已然存在，但人們又必須「離相離形」，無所障礙，才能真正契入。

總體看，以上對自性各種屬性的闡述，有一點必須注意：自性作為本根性存在，並不是因為「不可捉摸」「不可思議」才具有這些屬性。而是，既已確證自性，生命便能夠以它特有的形式顯現出自性生命力，而這些生命形式也就是它的量化、屬性。故而，自性的「屬性」靠理論闡述是難以全盡的，尚需依賴禪宗最核心的實證方法，才能夠最全面地理解、體貼自性的內涵。

第三節　自性的運作

自性既是性體，又是萬法，既是實存，又是無相，那麼，到底是如何運作或顯現的？考禪宗的思想系統，自性運作的核心觀點、原理，大致有因緣而動、性在作用、自觀自在三方面。此三方面之間，也可視為自性運作模式的漸進次第。

一、因緣而動

因緣而動，即自性本來寂寥、清淨，由於出現一定的因緣而引動發生作用。含藏識中積累的業識，暗暗決定著生命對外界的反應模式、應變動向，是為內因；外在條件，是為外緣。內外因緣一旦萌動，不論孰先孰後，均會相互促引，發生共振，從而顯為形跡。其基本原理禪宗典籍論述甚多，永明延壽《心賦注》所論極為精到：

〔註61〕〔明〕湛然圓澄：《雲門湛然澄禪師語錄》卷七，《卍新續藏》第 72 冊，第 819 頁。

〔註62〕〔唐〕惠能：《壇經》，《大正藏》第 48 冊，第 359 頁。

人性如急湍水，決東即東，決西即西，方圓任器，曲直隨形。

心之性柔，亦復如是。〔註63〕

表面上看，「人性」（自性）之運作各有其規律，但實際上，其動向是由內在的「心性」之因，以及外在的「決東、決西、方圓、曲直」等緣綜合促發的。正是有了這些因緣，自性才被引動、創生。

具體到人身日常，則又如何表現？在禪宗的論述中，自性運作的表現形態極為豐富，例如，《宗鏡錄》卷二云：

善男子，是道一體，如來昔日為眾生故，種種分別。復次，善男子，譬如一火，因所然故，得種種名，所謂木火草火、糠火麩火、牛馬糞火。善男子，佛道亦爾，一而無二，為眾生故，種種分別。復次，善男子，譬如一識，分別說六。若至於眼，則名眼識，乃至意識，亦復如是。善男子，道亦如是，一而無二，如來為化諸眾生故，種種分別。復次，善男子，譬如一色，眼所見者，則名為色；耳所聞者，則名為聲；鼻所嗅者，則名為香；舌所嘗者，則名為味；身所覺者，則名為觸。善男子，道亦如是，一而無二，如來為欲化眾生故，種種分別。〔註64〕

按照引文所言，「道」本是「一體」，如來因度眾生之緣，才演繹出種種分別法；就如「火性」，因為「然」（燃燒）之緣，遂變化為木火草火、糠火麩火、牛馬糞火等；再如「一色」（本根物性），因眼而成色，因耳而成聲，因鼻而成香，因舌而成味，因身而成觸。諸如此類，無不是「一而無二」的「自性道體」因緣而生，因緣而動。

還值得探討的是，禪宗在闡釋「因緣而動」這一原理時，繼承了佛教非常獨特的「一心二門」理論模式，《大乘起信論》云：

依一心法，有二種門。云何為二？一者心真如門，二者心生滅門。

是二種門，皆各總攝一切法。此義云何？以是二門不相離故。〔註65〕

一心，就是真如本心。關於進入這「一心」的法門，《大乘起信論》認為有二，分別是「心真如門」和「心生滅門」。實質上，這兩種法門已統攝了世間所有的法門，因為二者是相即不離的，根本處在於「心真如」，即永恆存在

〔註63〕〔宋〕永明延壽：《心賦注》卷三，《卍新續藏》第 63 冊，第 140 頁。

〔註64〕〔宋〕永明延壽：《宗鏡錄》卷二，《大正藏》第 48 冊，第 427 頁。

〔註65〕《大乘起信論》，《大正藏》第 32 冊，第 575～576 頁。

的生命之本根。從「真如」的視角看，一切相狀都不存在是非真妄之分別。問題的根本在於，當作為主體的人來理解此「一心」，更多的分別就出現了。關於這一問題，《大乘起信論》這樣闡釋：

> 摩訶衍者，總說有二種。云何為二？一者法，二者義。所言法者，謂眾生心。是心則攝一切世間法出世間法，依於此心顯示摩訶衍義。何以故？是心真如相，即示摩訶衍體故。是心生滅因緣相，能示摩訶衍自體相用故。〔註66〕

言下之意，「摩訶衍」（大乘法）可分為二：一是法，即大乘根本法；二是義，即自性真實義。「大乘根本法」在此處等同為自性顯現之眾生心法，此「眾生心」含攝了一切世間萬象。當此「眾生心」一旦著「生滅相」，就已入「生滅門」；而一旦通達「真如相」，就顯現為「真如門」。

自性就是在這種「善惡」「生滅」因緣的促引下「發生動用」，顯現為世間所判斷的生滅、真如諸法。也即《壇經》所謂：「自性起一念惡，滅萬劫善因。自性起一念善，得恒沙惡盡，直至無上菩提。」〔註67〕不過，禪宗的高明之處是以「自性之確證」「自性之般若」作為宏觀語境，因此能夠保證促引自性動用之「因緣」始終服務於「自性般若」之修持、顯化。

二、性在作用

萬物既有自性，性在何處？歷來禪修者幾乎都在尋求此「自性」。對此，《大慧宗杲語錄》中記載、講解了一則「西天國王問波羅提尊者」的公案：

> 西天國王問波羅提尊者曰：「我欲作佛，不知何者是佛？」尊者曰：「見性是佛。」王曰：「師見性否？」尊者曰：「我見佛性。」王曰：「性在何處？」尊者曰「性在作用。」王曰：「是何作用？我今不見。」尊者曰：「今現作用，王自不見。」王曰：「於我有否？」尊者曰：「王若作用，無有不是。王若不用，體亦難見。」王曰：「若當用時，幾處出現？」尊者曰：「若出現時，當有其八。」王曰：「八處佛性，當為我說。」尊者曰：「在胎曰身，處世名人，在眼曰見，在耳曰聞，在鼻辯香，在舌談論，在手執捉，在足運奔。遍現俱該，沙界收攝，在一微塵，識者知是佛性，不識喚作精魂。」王聞是言，

〔註66〕《大乘起信論》，《大正藏》第32冊，第575頁。
〔註67〕〔唐〕惠能：《壇經》，《大正藏》第48冊，第353頁。

心即開悟。師云：「敢問法筵大眾，且道西天國王悟得佛性耶？悟得
精魂耶？若道在八處悟得，只是精魂。若離八處，卻喚甚麼作佛性？
於斯薦得，皇恩佛恩一時報足。若薦不得，育王今日為諸人下個注
腳。」〔註68〕

大意是，自性無時無刻不在顯現為六根所見之萬相，心迷則即使知曉此
理，也不可見萬相之性體；而心悟則萬相皆明，見性在作用。

基於此基本理論模式，則禪宗在一切體、相、用之間達成了無礙圓融。
《大乘起信論》云：

所言義者，則有三種。云何為三？一者體大，謂一切法真如平
等不增減故。二者相大，謂如來藏具足無量性功德故。三者用大，
能生一切世間出世間善因果故，一切諸佛本所乘故，一切菩薩皆乘
此法到如來地故。〔註69〕

體大，即自性體之清淨無染、無相無形；相大，即生命因確證自性而顯現
萬相，萬相亦即自性；用大，則是指自性圓融無礙之時的作用顯化。

關於此性在作用，延壽《心賦注》又說：

又真心本體，有二種用。一者自性本有，二者隨緣應用。〔註70〕

此二種用，第一種指自性本體，第二種則是指本體的功用，即性在作用，
立處皆真。

總言之，禪宗解決「性在何處」這一問題的思路有兩個維度：一是親修實
證，二是理論悟解。二者辯證共進，則能夠既確證自性體，又破除自性相，圓
滿地解決了「自性無相卻顯現於作用」的問題。由此便形成了「自性無相」與
「世間萬法」之間的圓融無礙。——萬相即自性，見相即見性。

三、自觀自在

一般情況下，人的自性是迷失的，染著的，了知自性因緣而動、性在作
用，也只是修習進階中的某種步驟、境界，明瞭或體悟到了自性的運作。隨
著工夫證境進展，到得甚深圓融，自性之運作則是自動呈現染淨，任運隨緣
而往，自觀自在而居。《指月錄》卷二十八中吉州青原惟信說：

〔註68〕〔宋〕宗杲：《大慧普覺禪師語錄》卷五，蘊聞編，《大正藏》第47冊，第829
頁。
〔註69〕《大乘起信論》，《大正藏》第32冊，第575頁。
〔註70〕〔宋〕永明延壽：《心賦注》，《卍續藏》第63冊，第82頁。

老僧三十年前未參禪時，見山是山，見水是水。及至後來親見
知識，有個入處，見山不是山，見水不是水。而今得個休歇處，依
前見山只是山，見水只是水。大眾，這三般見解，是同是別？有人
緇素得出，許汝親見老僧。〔註71〕

青原惟信所言展現了他在習禪過程中「自性運作」的情況。先是迷而不
知，見山是山，見水是水；次是初見其本，見山不是山，見水不是水；最後
是自觀自在，已無對山水之判別、介入，而是見山只是山，見水只是水，唯
有山、水、人本來面目的自在呈現。

此時所謂的「自性運作」，實已是禪功純熟時的「自性自作」。這種境界，
禪宗每每將之貫徹、體現在日常生活中，返璞歸真，以之為檢驗，為歸趣。如
《白雲守端禪師語錄》云：

龍潭一日問天皇曰：「某自到來，不蒙指示心要。」皇曰：「自
汝到來，吾未嘗不指汝心要。」師曰：「何處指示？」曰：「汝擎茶
來，吾為汝接。汝行食來，吾為汝受。汝和南時，吾便低首。何處
不指示心要？」師低頭良久。皇曰：「見則直下便見，擬思即差。」
師當下開解。復問：「如何保任？」皇曰：「任性逍遙，隨緣放曠。
但盡凡心，別無聖解。」〔註72〕

龍潭崇信說自己求學以來，不曾得到天皇道悟指點禪法心要。道悟則認
為自己無時不在指示崇信。原來道悟所謂的指示已經貫穿在生活中：「汝擎
茶來，吾為汝接。汝行食來，吾為汝受。汝和南時，吾便低首。何處不指示
心要？」這番回答樸實無華，卻震撼人心，直把禪的任運隨緣、自觀自在體
現得淋漓盡致。綜觀禪宗所要追求證得的，也不外就是這種心無掛礙、隨緣
而住的圓滿自足。

因緣而動、性在作用、自觀自在是理解「自性運作」的核心理念，明瞭自
性運作，則利於悟解「自性本根論」，深入挖掘禪法精髓。禪宗認為，生命無
法解脫是因困圍於過去、現在、將來「三際」中，而識得自性、證得自性，則
可突破一切時空、業積對生命的限制，獲得個體與性體的統一，實現生命的安
頓、超越。

〔註71〕〔明〕瞿汝稷：《指月錄》卷二十八，《卍新續藏》第 83 冊，第 699 頁。
〔註72〕〔宋〕守端：《白雲守端禪師語錄》，《卍續藏》第 69 冊，第 297 頁。

第四節　見性的原理

　　見性不是一組固定數據指標，而且在禪門修習實踐中，根據個體差異，見性還有深淺之分。當然，為便於修持見性，禪宗依然還是建立起了一套可用以靈活考量、勘驗證境的方法系統。

一、六根見性及其實質

　　在禪宗記錄中，見性不止眼見、心見，而是但凡六根，均能見性。

　　關於「以眼見性」，禪宗記述最多的當是釋迦牟尼佛夜睹明星成道。覺岸《釋氏稽古略》卷一云：

> 太子時年十九歲，二月八夜，乘馬出自北門。至檀特山，小息林間。遂釋衣冠，自以其所佩寶劍絕其鬚髮，誓曰：「願共一切斷此煩惱。」淨居天化人以僧伽梨致太子，因得法服服之。進入其山嘉處彌樓寶山，居其阿藍伽藍，習不用處定。三年復進欝頭藍處，習非非想定。三年進象頭山，雜外道輩為之苦行，日食麻麥。居六年，以無心意無受行，而外道亦化。聖人乃自思之曰：「今此苦行非正解脫，吾當受食而後成佛。」即沐浴於尼連河，受牧牛氏女所獻乳糜，尋詣畢鉢木下。天帝化人擷瑞草以席其坐，以二月七日之夕入正三昧。八日，明星出時，示廓然大悟，乃成等正覺。〔註73〕

　　禪宗的諸多理論、事蹟是傳承佛教的，釋迦牟尼佛也一直是禪宗尊奉、論述的榜樣。引文說佛陀原為太子，出家後歷經種種修習嘗試，也受到了諸多天人護持。最後沐浴更衣，受牧女乳糜，入定於畢鉢樹下，在二月八日凌晨出定，睹明星而觸破虛空，成正等正覺。此處，從直接因緣來講，佛陀是以眼見性的。

　　除佛陀者外，洞山良價見水中倒影而見性也常受禪人關注。《瑞州洞山良價禪師語錄》載：

> 師辭雲岩，雲岩云：「甚麼處去？」師云：「雖離和尚，未卜所止。」雲岩云：「莫湖南去？」師云：「無。」云：「莫歸鄉去？」師云：「無。」云：「早晚卻回。」師云：「待和尚有住處即來。」云：「自此一別，難得相見。」師云：「難得不相見。」臨行又問：「百年後，忽有人問『還邈得師真否』，如何祇對？」雲岩良久云：「祇這

〔註73〕〔元〕覺岸：《釋氏稽古略》卷一，《大正藏》第49冊，第752頁。

是。」師沉吟。雲岩云：「价闍黎，承當個事，大須審細。」師猶涉疑。後因過水睹影，大悟前旨。有偈云：「切忌從他覓，迢迢與我疎。我今獨自往，處處得逢渠。渠今正是我，我今不是渠。應須恁麼會，方得契如如。」〔註74〕

公案中，洞山良价長時間參悟未得證入，一日對師父雲岩曇晟說要外出參學。一番問對之後，洞山良价啟程下山。因日常參究，良价渾渾濛濛，心有所念，在過山間溪水時，無意見到水中自己倒影，突然「大悟前旨」，悟入自性。

關於「以耳見性」，唐代香嚴禪師拾碎瓦擊竹聞聲開悟也較有代表性。《景德傳燈錄》卷十一云：

鄧州香嚴智閑禪師，青州人也。厭俗辭親，觀方慕道，依潙山禪會。佑和尚知其法器，欲激發智光。一日謂之曰：「吾不問汝平生學解及經卷冊子上記得者，汝未出胞胎、未辨東西時本分事試道一句來，吾要記汝。」師懵然無對。沉吟久之，進數語陳其所解。佑皆不許。師曰：「卻請和尚為說。」佑曰：「吾說得是吾之見解，於汝眼目何有益乎？」師遂歸堂，遍檢所集諸方語句，無一言可將酬對。乃自歎曰：「畫餅不可充饑。」於是盡焚之，曰：「此生不學佛法也，且作個長行粥飯僧，免役心神。」遂泣辭潙山而去。抵南陽，觀忠國師遺跡，遂憩止焉。一日，因山中芟除草木，以瓦礫擊竹作聲，俄失笑間廓然惺悟。遽歸沐浴焚香，遙禮潙山。贊云：「和尚大悲恩逾父母，當時若為我說卻，何有今日事也！」仍述一偈云：

「一擊忘所知，更不假修治。動容揚古路，不墮悄然機。」〔註75〕

香嚴智閑先是在潙山靈佑處修學，雖有所得，但始終不見自性。一日受靈佑勘驗，懵然無法應對，數度思索，不得要旨，靈佑也不為其說破。某天失望已極，感歎習學諸方典籍語錄是畫餅充饑，遂盡皆燒毀，發誓此生不再修學佛法，只作個長行粥飯僧，省得勞心勞神而無所得。此後，傷心絕望辭別師父下山去了。到了南陽國忠國師處，停留下來只作農務，一日在山中芟除草木，偶拾瓦礫扔出，聽到瓦片擊竹作聲，「俄失笑間廓然惺悟」。而後沐浴焚香，遙禮拜謝潙山靈佑師恩，感歎辛虧靈佑不為自己說破，故得親證。實際上，正如龍潭崇信參天皇道悟一樣，不是靈佑不說，而是香嚴早已在參修、

〔註74〕〔唐〕良价：《瑞州洞山良价禪師語錄》，《大正藏》第47冊，第519頁。
〔註75〕〔宋〕道原：《景德傳燈錄》卷十一，《大正藏》第51冊，第283頁。

在受法，只是不覺不知而已。正因為這一經歷，才有此後的聞聲見性。

關於「以鼻見性」，禪宗史上有諸多聞到香味、臭味、刺激味而突然見性的公案，「嗅」亦能見性。此處且以《維摩詰經》第十品中所記來闡明道理：

> 時維摩詰即入三昧，以神通力示諸大眾：上方界分過四十二恒河沙佛土，有國名眾香，佛號香積，今現在，其國香氣，比於十方諸佛世界人、天之香，最為第一。彼土無有聲聞、辟支佛名，唯有清淨大菩薩眾，佛為說法。其界一切，皆以香作樓閣，經行香地，苑園皆香，其食香氣，周流十方無量世界。時彼佛與諸菩薩方共坐食，有諸天子皆號香嚴，悉發阿耨多羅三藐三菩提心，供養彼佛及諸菩薩，此諸大眾莫不目見。爾時維摩詰問眾香菩薩：「香積如來以何說法？」彼菩薩曰：「我土如來無文字說，但以眾香令諸天、人得入律行。菩薩各各坐香樹下，聞斯妙香，即獲一切德藏三昧。得是三昧者，菩薩所有功德皆悉具足。」〔註76〕

維摩詰開示大眾，說香積國中有香積如來，並且聽法大眾均看到了香積國示現。維摩詰問「眾香菩薩」香積如來以何說法，眾香菩薩回答，香積如來無文字言說，但以眾香令諸天、人得入。諸菩薩只要坐香樹下，得聞斯妙香，即獲證一切德藏三昧。這一描述帶有非常唯美的香積世界畫圖，是佛教「聞香見性」的重要理論與實踐來源，也是禪宗一直津津樂道者。

關於「以舌見性」，多見於吃茶飲酒用餐等場景。《續燈正統》所錄大慧宗杲開示對「以舌根見味性」的日常參修原理做了說明：

> 都寺辦齋上堂：「雲門吃餬餅，蘸著帝釋鼻孔。雲峰吃餺飥，咬著憍梵缽提舌頭。諸人二時過堂吃粥吃飯，合作麼生？忽然咬破一個鐵酸餡，方知帝釋鼻孔即是憍梵缽提舌頭，憍梵缽提舌頭即是帝釋鼻孔。不見道：一切智智清淨，無二無二分，無別無斷故。」喝一喝。〔註77〕

憍梵缽提是佛陀諸大弟子之一，據傳曾五百世為牛，成阿羅漢後還保留著口中咀嚼的「牛習性」，後人也將其咀嚼、嘗味賦予了見性、證性、用性的含義。大慧宗杲在講傳禪法時，提醒眾人日常過堂吃粥吃飯也要參修、悟知，以「忽然咬破一個鐵酸餡」，證悟帝釋鼻孔即是憍梵缽提舌頭，憍梵缽提舌頭即

〔註76〕《維摩詰經》卷下，《大正藏》第 14 冊，第 522 頁。
〔註77〕〔清〕性音：《續燈正統》卷二十四，《卍新續藏》第 84 冊，第 544 頁。

是帝釋鼻孔的無分別智。另明代通潤《楞嚴經合轍》卷三亦在闡述此理：

> 由此舌根知甜知苦，名知味性。此知味性，離彼甜苦畢竟無體。
> 且道將甚麼吃茶吃飯？若向此中尋得舌頭落處，便知遍覆三千大千
> 世界廣長舌相，元不曾離卻舐吻邊嚼飯處。〔註78〕

通潤在此處說明了由舌根而知道「味性」的原理、實質，更要求眾人在吃茶吃飯中「尋得舌頭落處」，證見自性本來、廣長舌相。

此外還有極為有名的藥王藥上二菩薩，兄弟二人以「味覺」而證得菩薩位。《首楞嚴經》中載二菩薩陳述：

> 蒙佛如來，印我昆季藥王藥上二菩薩名，今於會中為法王子，
> 因味覺明位登菩薩。〔註79〕

藥王、藥上是佛教中極為有名的能治身心二病的「佛醫」，二人皆因以舌嘗藥而證得果位。在禪宗文化中，二菩薩常常被視為因舌根見性成就的典範。

關於「以身見性」，多是指因身體之觸受而見性。其中，雲門文偃被其師以門夾腿逼迫開悟較有代表性。《五家語錄》錄云：

> 師諱文偃，浙西嘉興張氏子。幼依空王寺志澄律師出家稟具，
> 探窮律部。初參睦州蹤禪師。睦州才見師來，便閉卻門。師乃扣門。
> 睦州云：「誰？」師云：「某甲。」睦州云：「作什麼？」師云：「己事
> 未明，乞師指示。」睦州開門一見，便閉卻。師如是連三日去扣門。
> 至第三日，睦州始開門，師乃拶入，睦州便擒住云：「道，道。」師
> 擬議，睦州拓開云：「秦時𨍏轢鑽。」遂掩門，損師一足。師從此悟
> 入。〔註80〕

雲門文偃長久參修不得要領，多次向其師彙報也得不到認可。某天前往叩師門時被師父關門夾腿催逼，還致使受傷腿跛，然而就在那一瞬間，雲門文偃疼得衝破覺受而見性。

關於「以意見性」，最具代表性的是參究話頭。例如「德山點心」公案：

> 師諱宣鑒，嗣龍潭，簡州人，姓周氏。初講《金剛經》，名冠成
> 都，時稱周金剛。嘗與同學曰：「一毛吞海，海性無虧；纖芥投針，

〔註78〕〔明〕通潤：《楞嚴經合轍》卷三，《卍續藏》第14冊，第310頁。
〔註79〕〔清〕通理：《楞嚴經指掌疏》卷五，《卍新續藏》第16冊，第161頁。
〔註80〕〔唐〕良價、本寂等：《五家語錄》，〔明〕郭凝之編訂，《嘉興藏》第23冊，
　　　第537頁。

鋒利不動。學與無學，惟我知焉。」聞南方禪席頗盛，師氣不平。
乃曰：「出家兒千劫學佛細行，萬劫學佛威儀不得成佛，南方魔子敢
言直指人心，見性成佛，當破其窟宅，滅其種類，以報佛恩。」遂
負《青龍鈔》出蜀。至澧陽路上，見一婆子賣餅，因息肩買點心。

婆指擔曰：「者是什麼文字？」

曰：「《青龍疏鈔》。」

曰：「講何經？」

曰：「金剛經？」

曰：「我有一問，若答得，即與點心，答不得，且別處去。經中
道：『過去心不可得，現在心不可得，未來心不可得。未審上座點那
個心？』」

師無語，徑往龍潭，曰：「久向龍潭，及乎到來，潭又不見，龍
又不現。」

潭曰：「子親到龍潭。」

師無對，遂止息焉。一夕，侍立次。潭曰：「更深，何不下去？」

珍重便出，卻回，曰：「外面黑。」

潭點紙燭度與，師接得，潭便吹滅。師大悟，便禮拜。

潭曰：「子見個什麼？」

師曰：「從今向去，更不疑天下老和尚舌頭。」〔註81〕

德山宣鑒不識「三心」，被「點心婆子」問住，乃是因為心識太盛，一旦
參悟心歇，便獲知自性之境，自然也知「點心」之義。這是非常典型的「以意
見性」的禪門參修事例。

總言之，禪門見性方式五花八門，變化多端，總其根本有二：一是「六
根」由自性統攝，見六根之用即可見自性之運作。二是諸法圓通，六根直通
自性。但凡脫離六根之局限，即可聯通自性之根本。在禪法中，眼耳鼻舌身
意的根本都是一樣的，都是「性」在起作用，只有這個性，才是當下禪旨。當
然，「六根見性」雖充分地體現了見性原理，但也只是其中的一部分而已。而
且，「六根見性」雖則一瞬，然其背後卻是見性開悟的多年用功、綿密修持，
已逼近生命最內層。所見之因緣，不過是最後證入之觸因罷了。〔註82〕

〔註81〕〔宋〕紹曇：《五家正宗贊》卷一，《卍新續藏》第 78 冊，第 582 頁。
〔註82〕關於「六根見性」的圓通原理，《首楞嚴經》卷三有諸多闡述，可作為參考。

二、見性程度及其勘驗

禪宗的見性是一個非常詩意化而又精密化的過程，正如之前所說，「自性」是一種超越性存在，沒有規定性，無法具體描述它的相狀。但是，這種見性的過程，卻可以具體化為一些事蹟。禪宗的史料中，有很多關於「見性」的描述，以及見性程度的判斷。「見性」對於禪宗只是一個籠統的稱法，並不是用肉眼去看到「自性」的存在。又因見性是內證之事，所以禪宗的一些高僧尊宿，往往採取一些很特殊的勘驗手段檢驗見性的成色。

（一）見性程度簡說

1. 明心見性

一般而言，明心見性常常合在一起運用。但嚴格來講，明心和見性分屬兩個不同的層次。明心側重於從知見上理解禪法，知道有此一種甚深波羅密的存在。而見性，則含有實證、體悟到、證見自性存在的意思。總其含義約略兩種。如有學者認為：「一是了悟、徹見之義，即自見自心真如本體，自見本性般若之智；二是顯現義，即通過淨心、明心而使自心本性顯現出來。」〔註83〕這種定義，是「見性」的兩方面描述。其實本質是一樣的，「徹見」即有「顯現」，徹底如實地顯現，也就是「徹見」本性。

實際上，禪宗所描述的見性可以約略分為以下幾層：明心、初見、徹見。關於三種境界，我們試舉惠能相關修行次第案例加以說明。當然，禪宗這種內證的智慧，如此量化並不絕對正確，只是大約如此罷了。

明心，在禪宗常常表現為心有所悟、心有所見，《壇經》中記載：

> 惠能得錢，卻出門外，見一客誦經。惠能一聞經語，心即開悟。遂問客誦何經。客曰：「《金剛經》。」復問：「從何所來，持此經典？」客云：「我從蘄州黃梅縣東禪寺來，其寺是五祖忍大師在彼主化，門人一千有餘。我到彼中禮拜，聽受此經。大師常勸僧俗，但持《金剛經》，即自見性，直了成佛。」惠能聞說，宿昔有緣。乃蒙一客取銀十兩與惠能，令充老母衣糧，教便往黃梅參禮五祖。〔註84〕

惠能聽說《金剛經》，心有所悟，便放下母親，前往黃梅。這時候的惠能，就是明心。當然，不同人對明心的理解和描述不一樣。一般而言，明心可以定位為想明白了禪修的價值和道理。

〔註83〕洪修平：《禪宗思想的形成與發展》，江蘇古籍出版社，2000年，第295～296頁。
〔註84〕〔唐〕惠能：《壇經》，《大正藏》第48冊，第347頁。

初見，在惠能處體現於「作偈」階段。在黃梅做了一段時間雜務後，針對神秀的偈子，惠能也作了一首：「菩提本無樹，明鏡亦非臺。本來無一物，何處惹塵埃。」〔註85〕當時，惠能悟到了「空」的存在，一般意義上講，這已經是見到本性了，只不過還不純熟圓融，可視為「初見」。

徹見，則體現在弘忍密室傳付衣法。弘忍看到了惠能的偈子，暗示惠能三更入室，傳授《金剛經》的精髓。當惠能聽到「應無所住而生其心」時，他說：「何期自性本自清淨，何期自性本不生滅，何期自性本自具足，何期自性本無動搖，何期自性能生萬法。」打破了虛空，徹證了自性。並且之後，混跡獵人群中，經過十餘年的錘鍊打磨，方又出山傳法。

2. 破除三關

當然，關於禪宗見性，有很多種更為細緻的分法。一般而言，還有一種更為通行的分類，將見性分為：破初關，破重關，破牢關。三者的具體內容，大約等於之前三種，但還是有所不同。

初關之說，《永覺元賢禪師廣錄》云：

> 要明今日意，識取最初關。今日乃蔡母劉孺人二七之辰也。今秋余過沙鎮，寓長芳僧舍，孺人屢為法來，叩我百年時事。余為說西方勝緣甚悉。閱數月而病，病數日而告終。世俗謂五十五年前，孺人之生也。五十五年後，孺人之死也。〔註86〕

元賢禪師從時人的生老病死苦入手，勸誡眾人即是參修禪法。眾人一旦明瞭禪法的終極究竟可以解決生死大事，就堅定道心，著力修行，這就是「今日意最初關，一時打飜了也」〔註87〕。

禪宗所謂重關，就是無數重關難的意思，這個過程中會遇到很多的阻礙迷惘。「古云：『莫道無心云是道，無心猶隔一重關。何止一重，更須知有百千萬重在。苟不發憤志精進下一段死工夫，豈於木石之有異乎？」〔註88〕但是，打破了這重關難，就面臨著百尺竿頭，更進一步了。

至於牢關，就是堅牢關難的意思。在禪宗修持中，這被認為是最難破的一重關隘。《續指月錄》中有相關的論述：

〔註85〕〔唐〕惠能：《壇經》，《大正藏》第48冊，第348頁。
〔註86〕〔明〕元賢：《永覺元賢禪師廣錄》，《卍續藏》第72冊，第406頁。
〔註87〕〔明〕元賢：《永覺元賢禪師廣錄》，《卍續藏》第72冊，第406頁。
〔註88〕〔宋〕原妙：《高峰原妙禪師禪要》，《卍續藏》第70冊，第711頁。

必欲打破生死牢關，普與盡大地眾生，共行通天活路，得到大

安隱，大解脫之場而後已。〔註89〕

按照禪宗的觀點，也必須打破最後的牢關，才可能得到「大安隱，大解脫

之場」。

三關之間，經常被認為有一定的次第進階，先初關，次重關，再牢關。這

一般基於漸修漸悟的觀念和實際。但是，由於禪宗的頓悟直了理念以及修習個

體的差異性，也存在瞬間三關齊破的情況。如「一鏃破三關，分明箭後路。可

憐大丈夫，先天為心祖。」〔註90〕的境界，就是三關齊破的理念。故而，三關

的次第或頓破是辯證性的，有漸有頓，頓漸共進，不應一概而論。

3. 當下直見

也就是迅速地、徹底地當下開悟見性，得到最終解脫。關於這一層面，禪

宗論說甚多。例如《為霖禪師雲山法會錄》云：

師云：「藥山一日在石上坐次，石頭問曰：『汝在這裡作麼？』

曰：『一物不為。』頭曰：『恁麼則閒坐也？』曰：『若閒坐即為也。』

頭曰：『汝道不為，不為個甚麼？』曰：『千聖亦不識。』頭以偈贊

曰：『從來共住不知名，任運相將祇麼行。自古上賢猶不識，造次凡

流豈可明。』」

師云：「藥山只個閒字亦不肯受，坐斷凡聖路頭，直見根抵。石

頭不得不贊之也。大眾若要知有，只須識得個千聖不識底。只如千

聖不識底作麼生識？不識不識。」〔註91〕

這是為霖禪師舉石頭希遷和藥山禪師的問答公案為徒眾釋疑。其中藥山

只管閒坐，道亦不為，千聖亦不識，直入禪境。是為頓見頓悟之大成。

《高僧摘要》中記錄「釋道悟」時也云：

姓張，婺州東陽人，生而神儁，長而謹願，年十四求出家。慈

愛不聽，輒損常膳，日唯一食。父母不獲已，許之，遂往明州大德

剃落。年二十五，依杭州竹林寺大德具戒。投徑山國一禪師，密受

宗要。於語言處，識衣中珠，身心豁然，真妄皆遣，斷諸疑滯，直

見佛性。服勤五載，轉遁餘姚大梅山。〔註92〕

釋道悟在徑山國一禪師處修行，密受心法，某日「於語言處，識衣中珠，身心豁然」。按照記錄，這是極為深透的直見，已「真妄皆遣，斷諸疑滯，直見佛性」。

上述公案的記錄雲淡風輕，一見直見，而在有的典籍中，「直見」則是歷經種種苦參始得。例如《三峰藏和尚語錄》云：

> 至是年近四十，愈參愈難，轉捉轉遠，思之慚懼，因入死關，方纔推上，關門欲上蒲團，無奈一時眩暈，吐痰斗許，只得放身一睡，雖則隨時吃茶吃飯亦不知人事，吃過只是鼾鼾打睡，一睡五日，如在海螺蜘裹盡情要撞出來相似，至第五日，巳間泯然睡熟，忽聞隔窗二僧夾籬攀折大竹，如迅雷一震，直見虛空粉碎，大地平沉，人法俱消，真無立處。開眼轉來，晴日在窗，竹影滿地，那時要理會一法了不可得，要覓自己身遍覓無有，蘇蘇湛湛如有氣，死人初生孩子至。〔註93〕

三峰漢月法藏（1573～1635）的參修愈參愈難，無可奈何，甚至思之慚懼，直至大病一場。無奈只得放空睡去。一睡五日，忽然「迅雷一震，直見虛空粉碎，大地平沉，人法俱消，真無立處」，真正證見本性。

上述是一些頓斷直見的案例。當下直見、頓斷是見性最為透澈的程度。但是，漸見、頓見是辯證的，漸見醞釀著頓見，頓見則是漸見積累的結果。之後，則又須逐步累積、任運，邁向另一種終極境界。

總之，見性是一個廣義的概念，從禪宗各家經典對它的論述來看，它就是模糊地指「見到本性」。不見性則無法解脫，《金剛仙論》中甚至就是說的那樣直接：「若不見性未斷惑者，以不真如清淨得名也。明凡聖二人雖復有之平等，以見不見差故，不應以一切眾生等共有之。」〔註94〕不見性，就是愚迷，見性，就是解脫。這也就是佛與眾生的差異所在。

（二）一般勘驗手段

禪宗的勘驗隨機而為，靈活直截，實際上也是促進修行的方式之一。總其風格，禪門最常運用、最有代表性的主要有如下三種。

〔註92〕〔清〕徐昌治：《高僧摘要》卷四，《卍新續藏》第 87 冊，第 344 頁。
〔註93〕〔明〕法藏：《三峰藏和尚語錄》卷六，《嘉興藏》第 34 冊，第 152 頁。
〔註94〕《金剛仙論》，《大正藏》第 25 冊，第 842 頁。

1. 機鋒問對

關於機鋒問對勘驗，可參考黃檗希運的凌厲風格。《宗鑒法林》載：

> 黃檗因六僧新到。五人作禮，一人提起坐具作一圓相。師曰：
> 「我聞有一隻獵犬甚惡。」曰：「尋羚羊聲來。」師曰：「羚羊無聲
> 到汝尋。」曰：「尋羚羊跡來。」師曰：「羚羊無跡到汝尋。」曰：
> 「尋羚羊蹤來。」師曰：「羚羊無蹤到汝尋。」曰：「與麼則死羚羊
> 也。」師便休去。明日上堂曰：「昨日尋羚羊僧出來。」僧便出。師
> 曰：「昨日公案未了。老僧休去，你作麼生？」僧無語。師曰：「將
> 謂是本色衲僧，元來祇是義學沙門。」連棒打出。〔註95〕

從公案本身來說，來參訪的僧人在義理機鋒上已經不可挑剔，不過在問答中還是露出了不圓滿的地方，黃檗希運看出來了，但暫且作罷。第二天，他突然問道：昨天我回去休息了，而你在做什麼？僧人沒有準備，就露出了自己的底。黃檗希運說他「元來祇是義學沙門」，只是作義理葛藤的，於是連棒打出。

各家甚至各位禪師，都有自己的勘驗方式。同時，勘驗方式也並不純粹是勘驗對方的修持境界，同時也是機動靈活的參修方法，教學方式。例如《馬祖道一禪師廣錄》載：

> 大梅山法常禪師，初參祖，問：「如何是佛？」祖云：「即心是
> 佛。」常即大悟，後居大梅山。祖聞師住山，乃令一僧到問云：「和
> 尚見馬師，得個什麼，便住此山？」常云：「馬師向我道『即心是
> 佛』，我便向這裡住。」僧云：「馬師近日佛法又別。」常云：「作
> 麼生別？」僧云：「近日又道『非心非佛』。」常云：「這老漢惑亂
> 人，未有了日，任汝非心非佛，我只管即心即佛。」其僧回舉似祖。
> 祖云：「梅子熟也。」〔註96〕

經過一番問對、勘驗，法常確證了自性的真實存在，不會再因馬祖正說反說、說或不說而動搖。而馬祖也印可了法常，留下了「梅子熟也」的慰藉話語。

2. 黃龍三關

禪宗的勘驗手段極其豐富，有的綿綿似水，有的凌厲狠辣。而黃龍慧南的

〔註95〕〔清〕性音：《宗鑒法林》，《卍續藏》第66冊，第379頁。
〔註96〕〔唐〕道一：《馬祖道一禪師廣錄》，《卍續藏》第69冊，第4頁。

「黃龍三關」則自有一番直擊心意識流的透澈，在禪宗史上非常著名而且有代表性。《五燈會元》卷十七記載：

> 師室中常問僧曰：「人人盡有生緣，上座生緣在何處？」正當問答交鋒，卻復伸手曰：「我手何似佛手？」又問：「諸方參請，宗師所得。」卻復垂腳曰：「我腳何似驢腳？」三十餘年，示此三問，學者莫有契其旨。脫有酬者，師未嘗可否。叢林目之為黃龍三關。〔註97〕

這是關於黃龍慧南禪師勘驗別人的。他先問人：人人都有個初生之因緣，請問你從什麼地方生出？等別人剛要回答時，慧南禪師又伸出自己的手，問：你說我的手為什麼像佛手？別人才要回答，他又伸出腳來，問：我的腳為何是驢腳？

這個勘驗模式，他用了三十多年，都沒有什麼人能夠契合其旨要。即使偶有能夠回答者，慧南禪師在這一瞬間不言不語。這「不言不語其實」是最隱秘的第四關，對方究竟有沒有徹底見性，這一關中就可以清楚見證了。

從意思上看，「我手、佛手兼舉，表明凡聖無二，只要直下薦取本心，即會超佛越祖；我腳、驢腳並行，顯示我與畜類在『無生』性空上一致，只要懂得這個道理，即可在世間自由縱橫；參悟『生緣』，在於理解生存爭鬥之烈（水母食蝦）和生死無常之速（不能更吃趙州茶）。」〔註98〕但實際上，問題的關鍵並不在於答案，慧南的三關，乃在於驗證對方有沒有脫離思維，立足在自性層面。因為這些不講邏輯的問題，即使用邏輯能夠回答，也會出現前後矛盾的悖論。

慧南禪師的自我解答是這樣的：

> 生緣有語人皆識，水母何曾離得蝦。但見日頭東畔上，誰能更吃趙州茶。我手佛手兼舉，禪人直下薦取。不動干戈道出，當處超佛越祖。我腳驢腳並行，步步踏著無生。會得雲收日卷，方知此道縱橫。〔註99〕

從其旨趣看，慧南禪師的勘驗的確是超越種種相的「直下薦取」，是當下「超佛越祖」的頓斷禪法。在勘驗的瞬間，也許，就是開悟的瞬間。

3. 離言絕意

離言絕意指不受言語思維限制，卻體貼並傳達出了禪性的內義。禪宗推

〔註97〕〔宋〕普濟：《五燈會元》，《卍續藏》第 80 冊，第 351 頁。

〔註98〕杜繼文、魏道儒：《中國禪宗通史》，江蘇人民出版社，2007 年，第 412 頁。

〔註99〕〔宋〕普濟：《五燈會元》，《卍續藏》第 80 冊，第 351 頁。

舉的最早的離言絕意公案應是「拈花一笑」。《大梵天王問佛決疑經・拈華品
第二》云：

> 爾時婆婆世界主大梵王，名曰方廣，以三千大千世界成就之根，
> 妙法蓮金光明大婆羅華，捧之上佛。退以作禮，而白佛言：「世尊今
> 佛，已成正覺，五十年來種種說法，種種教示，化度一切機類眾生。
> 若有未說最上大法，為我及末世行菩薩人，欲行佛道凡夫眾生，布
> 演宣說。」作是言已，捨身成座，莊嚴天衣，令坐如來。爾時如來，
> 坐此寶座，受此蓮華，無說無言，但拈蓮華。入大會中，八萬四千
> 人天，時大眾皆止默然。於時長老摩訶迦葉，見佛拈華示眾佛事，
> 即今廓然，破顏微笑。佛即告言：「是也，我有正法眼藏，涅槃妙心，
> 實相無相，微妙法門。不立文字，教外別傳。總持任持，凡夫成佛。
> 第一義諦，今方付屬摩訶迦葉。」言已默然。〔註100〕

大梵天王獻上了金婆羅花，捨身為寶座，請佛陀說法。佛陀拈花不語，迦
葉悟知妙義，破顏微笑。師徒二人此舉離言絕意，而迦葉卻得到了佛陀印可，
並傳承了佛陀咐囑的涅槃妙心，自此成就「教外別傳」之禪。這是佛教經典中
所記較早的關於勘驗證境的公案，也是禪宗津津樂道的「教外別傳」之濫觴。

又如中土禪宗第一祖菩提達摩勘驗眾弟子：

> 尊者一旦遽謂其徒曰：「吾西返之時至矣，汝輩宜各言所詣。」
> 時有謂道副者，先之曰：「如我所見，不執文字，不離文字，而
> 為道用。」
> 尊者曰：「汝得吾皮。」
> 有謂尼總持者，曰：「我今所解，如慶喜見阿閦佛國，一見更不
> 再見。」
> 尊者曰：「汝得吾肉。」
> 有謂道育者，曰：「四大本空，五陰非有，而我見處，無一法可
> 得。言語道斷，心行處滅。」
> 尊者曰：「汝得吾骨。」
> 及慧可者，趨前拜已，歸位而立。
> 尊者曰：「汝得吾髓。」尋命之曰：「昔如來以大法眼付囑摩訶
> 迦葉，而展轉至我。我今以付於汝，汝宜傳之，無使其絕。並授汝

此僧伽梨實缽，以為法信。唯恐後世以汝於我異域之人不信其師承，汝宜持此為驗，以定其宗趣。然吾逝之後二百年後，衣缽止而不傳，法亦大盛。當是知道者多，行道者少。說理者多，悟理者少。雖然潛通密證千萬有餘，汝勉顯揚勿輕未悟。聽吾偈曰：『吾本來茲土，傳法救迷情。一花開五葉，結果自然成。』」〔註101〕

問而答，是一般的學習、勘驗邏輯。然絕大多數情況下，有問必答實則是「無主」，已被問題牽引著走，是無明迷失。故而即使答案再正確，再標準，祖師也可看出徒眾的心意狀態、修持程度。而離言絕意者，雖非絕對，但因修有所明，在祖師問題前面是清醒的，故而雖然尊師重道，卻不會一味跟著問題走，被「裹挾」。因此，慧可雖不言語，其證境卻明顯比其餘同門要深入、高明。當然，也會有些禪人故作高深，只不過其基本修持境界、行跡依然無法瞞過有成就的勘驗者。所以，真正透澈的修持、勘驗是靈活的，無形的，智慧的。

總之，禪宗這些不講邏輯的問題，即使用邏輯能夠回答，也會出現前後悖論。實際上，問題的關鍵並不在於答案內容，所謂的勘驗，就在於驗證對方有沒有脫離下意識的思維業力掌控，而立足在自性層面。這種看似無形的證明，在禪宗而言其實是心與心沒有障礙地互通，能真實地檢驗生命本體的修證程度。

第五節　自性與生命的關係

自性與生命的關係，其實在前文已經多處談及。因為凡談及自性，必然將之視為生命之本根；凡談及生命，必將之視為自性之顯現；凡談及禪修見性，則必然基於自性和生命的一體不二。下文只是對之進行專題總結。

一、自性為生命本根

禪宗生命學從生命的本根視角審視生命現象，嘗試突破個體生命的局限，將對生命存在的認識延伸到了「自性」領域。

首先，自性是生命的終極性體。「自性」是整個禪宗思想體系的建立依據，它是生命的本根狀態，從其視角看，生命的本來面目一覽無餘。「禪宗生命學」就是從「自性本根」的視角來審視生命，發現生命現象是「本根」存

〔註101〕〔宋〕契嵩：《傳法正宗記》卷五，《大正藏》第51冊，第742頁。

在下的一套流程，涵蓋整個有情無情、三界六道、六凡四聖等一切生命現象，包括「生」和「死」都統一在這一本根視野中。自性一詞，有時候也會表述為其他概念，如佛性、本心、般若、摩訶、空性等。嚴格意義上講，這些概念出現在不同地方時意義並不是絕對等同。或者，即使表達同一種意義，其所側重也有不同。如「摩訶」多用以描述自性的屬性，「般若」又側重自性的作用，而「本心」則將「自性」具體到人身上來理解。然而，從根本上看，終極的「自性」只有一個。惟其「唯一」，才「不是一」，才是終極。

其次，自性是生命的創生源頭。將自性作為本根單獨析出，並不意味著自性孤立存在，或是與現象層面毫無關係。它的存在，剛好是無限生命力的生發之處。它時刻醞釀著勃勃生機，因緣一旦具足，它也就創生出新的生命。這一本根自性，它的生命力最終是體現在「創生力」上。原則上講，作為本根，這股「生命力」不生不滅，就是那樣地存在著，不以任何主觀意志為轉移，也沒有任何的形相。當個體由它而生，它的精神就體現在個體生命上，個體的視角就顯得廣大無礙，自身的生命境界就不再局限於自身，而擴展為無限的可能性。從本質上講，「本根」本身就是生命力，這種生命力具體體現為本根具有創生能力以及生命力又顯現在個體生命上。

再次，禪宗生命學視野中自性實存。禪宗在多種場合都不餘遺力宣說「自性」的真實存在，唯有自性實存，才又機會證入自性境。例如，「見法得果，真實無欺。」〔註102〕「如來所說真實不虛，諸佛如來所居之處，皆無雜穢，即是淨土。」〔註103〕禪宗最偉大的貢獻，應是將這種難以企及的境界轉向了人類心中，闡為「自性」，並論證它不但真實可得，還人人具有。如《壇經》云：「一真一切真，萬境自如如。如如之心，即是真實。若如是見，即是無上菩提之自性也。」〔註104〕言下之意，如果見到了那真實存在的如如之心，就是證見了人人本具的菩提自性，也即實現了生命的終極價值。

另外，禪宗生命學也以自性為理論本根。從學理上講，禪學也是以「自性本根」為原點的。一切禪學的研究都預設了這個「本根」的真實性。即使是對佛學的批判，也不自覺地落入了這種預設。如果這個終極「本根」只是一個概念而不實際存在，即使這套學術再精彩，它「實有」的根也就斷了，也

〔註102〕　《長阿含經》，《大正藏》第 1 冊，第 9 頁。
〔註103〕　《大般若波羅蜜多經》，《大正藏》第 7 冊，第 941 頁。
〔註104〕　〔唐〕惠能：《壇經》，《大正藏》第 48 冊，348 頁。

就成了假設。故而，如果認為「彼岸世界」「仙道」「聖賢」等理想境界或人格只是慰藉人心並不真實存在，那麼整一套中華文化上的思想發明，將是人類存在史上最大的騙局。人類自身的價值意義，也成為虛構出來的了。再從實踐中講，當這個「境界」一旦不成立，一切價值追求，又都再次將人推入了深淵。而禪宗生命學，就是以此「自性」為本根而對中華生命智慧的一種詮釋、佐證。

二、生命為自性顯化

　　根據禪宗的觀念，生命的存在將會受制於所帶業力，分別輪轉於六道中。從這個角度看，生命的存在並不是單一的「生」，然後「死」，它具有永無止歇的延續性，只不過看具體顯現在哪一道、哪一層而已。當然，這並不是最徹底的生命，這裡不外乎是想以此作為鋪墊，引出更深層的生命結構罷了。既然生命會輪迴，是什麼在輪迴？〔註105〕既然有會輪迴的實體，那麼這種生命絕對不是最徹底的，它也是從生命本根中顯現出來的一種現象結構而已。但凡有「相」，這種生命結構都是不穩固的，到達不了最終極徹底的「生命本根」。

　　自性本根無形無相，但它卻顯化為各種生命形式。從這個角度出發，三界六道中的生命現象都是由生命本根創生的，並且最重要的是，這些生命現象完整地體現著自性的內涵。換句話說，有了本根力量，生命現象已經突破個體的局限，轉向了性體的永恆。於是，某種意義上，生命現象從產生到消失，就只是一種生命形式上的轉換，並不存在生命的結束。生命已經處在超越現象的本體層面，達成了生命的終極價值。

　　禪宗對生命現象的分析有其特殊的理路，即生命就是「五蘊」因緣和合而生。具體而言則開展為「三科」，即五蘊、十二入、十八界。「三科」本是禪宗用以傳授禪法時解說生命現象如何才是「真」或「幻」的，但同時，卻將生命的結構層次梳理清楚了。從現象上看，生命由「三科」構成，而「三科」的背後，還有一個更高的結構層次，即「自性」。

　　因「自性」隱遁，生命才出現「眾生用」，遠離了溝通自性的可能。亦即生命中最本根的狀態，已被五蘊十八界遮蓋。儘管自性是最根本的生命之源，但已無法圓融呈現。不過，五蘊、十二入、十八界都是因為有了思維念頭，才從自性中產生的。故而，它們都是「自性」中顯現的生命萬相。

〔註105〕佛教的輪迴主體是整個含藏識。

當然，當心性突破五蘊、十二入、十八界的局限，即「度一切苦厄」，一切相都變成了「真如相」。即此「真如相」，也就連通了真正的自性本根，生命現象也就完全具有了本根的生機。因此，生命「生」則成形，散則「無相」，實質上並沒有消失，只是換了一種存在形式。其實質就是真正的自性顯化。

三、生命與自性不二

相與性一體，生命與自性不二，但既然人類對之有了強意「二分」，就意味著二者在某些層面的確存在「被分離」的情況。於是，人們探索的，就是如何回歸二者的統一而顯現真性。但問題的關鍵還在於，破除自我執著，達到自性空境，一體不二才會顯現。同時也可看出，禪宗並不是否定一切生命現象，獨求某種無形無相的生命本根，而是要突破生命現象對「人心」的局限性，達到更為深刻的生命解脫。

禪宗的思想是建立在圓融不二的生命第一義諦上的，故而生命現象結構的實質也就是「空」。最明顯的是，五蘊、十二入、十八界等是「相」，其實質是「空」，故名「空相」，而「性」的本質也是空，故云「空性」。二者並沒有區別，就是同一種事物處於不同場合或表現出不同外形。當然，受困於蘊、入、界，則「自性」就無法真實顯現。而證得自性，則「三科」即空。禪宗從自性的角度審視生命，自然就直接打破了現象和空性之間的距離：現象不是獨立的，空性也不是獨立的，甚至二者還不是體用二元關係。《心經》闡釋這種存在現象說：「色不異空，空不異色，色即是空，空即是色。受想行識，亦復如是。」〔註 106〕即任何物相都不是現象或本質的孤立存在，而是現象（色）和本體（空）二相「不一不異」。這是一體不二，非異非一的思維觀。其中深含的，實是超越邏輯表述，且對形而上心性本體修持實證的內義。將二者從邏輯概念上區分開來，只為說理的方便。空本來無限無形，我們並不能說它「注入」「分有」到現象中，而是「顯化」成色。同時，空也就成為了色。色也不是無源自生，它源於空，又融攝了空，顯現著空。故而，生命與自性，不論在理論還是實際中都是一體不二的，「認為有二」者，是生命之愚迷心。

總體而言，「自性」是禪宗生活、修持，乃至實現終極生命價值的根本性

〔註106〕　《心經》，玄奘譯，《大正藏》第 8 冊，第 848 頁。

依持，禪宗一切理論及實踐均是為了實現此「自性本根」。而「禪宗自性本根論」也即禪宗圍繞此「自性本根」演繹形成的相應理論模式，此論乃為禪宗整體理論構架的根本出發點。「自性本根論」的內容極為寬廣，涉及自性的義域、自性的屬性、自性的運作、見性的原理、自性與生命的關係等範疇。甚至可以認為，但凡禪宗理論，實際上都圍繞著其根本範疇「自性」而展開，而禪宗的一切思想闡釋任務，也都是為了更加清晰、方便地認識和確證自性。按照「自性本根論」的基本理路，入「種種業」，則意味著「自性」被覆蓋，此時的生命境況，就是被蒙蔽的主體對外界的局限性反映、不如實反映；一旦「自性」呈現，也就意味著生命進入本根境，直通「第一義諦」，生命的存在就具備了自性意義上的解脫價值。很少有禪宗範疇不涉及「自性」內涵，闡述清此「自性本根論」，便能自然地銜接禪宗其餘理論領域。而且本研究中，後文的一些論述也必然還會涉及「自性本根論」的相關內容，只不過側重點和論述方式會存在一些差異。

第二章　禪宗的全域生命論

將禪宗的生命論稱為「全域生命論」，乃是因為禪宗視野中一切萬象莫不是生命存在，具有縱向的延傳性，橫向的寬廣性，層次的多維性，種類的繁多性，境界的終極性，同時還涉及生命的生成、存在、死亡等範疇以及相應問題的處理手段。實際上，禪宗視野中的諸多生命現象、生命問題，至今我們也還未能全部涉及、囊括、解透，故而「全域生命論」也為我們的持續探究留下了更多空間。

第一節　禪宗對生命形態的劃分

禪宗對生命形態的劃分方面，內容極為豐富、深刻，然而目前尚未出現較為專題、全面的歸納闡述。此處按照禪宗經常涉及的表述，對之略作梳理。

一、十法界

一切界無非法界，「十法界」即「六凡四聖」，此表述可視為已囊括一切生命範疇。在禪宗處，這一生命認知是對佛教生命觀念的直接傳承。

（一）六凡

所謂的「六凡」即「六道眾生」，包括三惡道眾生地獄道、餓鬼道、畜生道，三善道眾生阿修羅道、人道、天道。「六道」是原初佛教時期就已形成的生命輪迴認知觀。

畜生道，亦譯為傍生，主要被判別為身體橫生，心亦粗鄙污濁不正，多被對應為種種牲畜以及與之具有類似生命形態、品性的眾生。

　　餓鬼道，也譯為薛荔多、閉戾多、俾禮多、鬼道、鬼趣等，因其特性為飢餓、怖畏，也多用以指稱含有類似特質之生命。

　　地獄道，又譯為苦具，性本造惡，因輪迴困居地下，是名地域道眾生。

　　阿修羅道，又譯為無端正、非天，屬魔神，此道眾生易怒、好戰、善妒，男者極醜，女者絕美，有天人之力，卻無天人之德。

　　人道，本譯為「意」，主要指稱具有心意識思想、以意識為特質的人類。

　　天道，即天人，身形殊勝美好，有天然之福報，可自在享樂，又有天神之力。一般被視為六道眾生之尊。

　　此六道眾生，各各有異，相同之處是都處在輪迴之內，是以被稱為「六凡」。還有一點需要說明，當人類的內心、品性具有「六道」中的相應屬性或特質時，也常常被視為人類生命已處在相應道內。譬如人貪、濁、粗鄙，便會被視為已處畜生道；飢餓、怖畏，則會被視為處於餓鬼道；造惡、陰暗、邪損，則會被視為處地獄道；易怒、好鬥、嫉妒心強，則會被視為處阿修羅道；而心善、品性高潔、福報較好，則會被視為處天人道。總之，在禪宗處，六道輪迴並不單獨指六道實存，也還指與六道相應的人生境況。

（二）四聖

　　「四聖」也屬生命形態之列，即聲聞、緣覺、菩薩、佛。《大智度論》云：「復有四種道：聲聞道、辟支佛道、菩薩道、佛道。」〔註1〕四類「聖者」總體特質是已經超越欲、色、無色三界，已脫離生死輪迴。

　　聲聞，指聽聞佛陀教言而證悟的弟子。一般又分為須陀洹、斯陀含、阿那含、阿羅漢四層級。

　　緣覺，亦名獨覺、辟支佛。《大智度論》卷十八稱：「辟支佛有二種，一名獨覺，二名因緣覺。」〔註2〕緣覺根性極利，能於無佛之世諦觀因緣而獨自覺悟解脫。

　　菩薩，即菩提薩埵，能自覺、覺他。龍樹《十住毗婆沙論》卷二稱：「菩提名上道，薩埵名深心，深樂菩提，故名菩提薩埵。」〔註3〕菩薩已屬大乘聖者。

　　佛，即得正等正覺者，能自覺、覺他、覺行圓滿。《摩訶般若波羅蜜經・

〔註1〕《大智度論》，鳩摩羅什譯，《大正藏》第 25 冊，第 257 頁。
〔註2〕龍樹：《大智度論》，鳩摩羅什譯，《大正藏》第 25 冊，第 191 頁。
〔註3〕龍樹：《十住毗婆沙論》，鳩摩羅什譯，《大正藏》第 26 冊，第 29 頁。

道行品》稱:「通達實義故名為佛,復次,如實知一切法故名為佛。」〔註4〕
從佛教史看,佛即佛教的創立者、娑婆世界的佛釋迦牟尼;但從不同佛教支
系的信徒及各種經典記錄看,佛有無數尊,例如橫三世佛、豎三世佛、無量
無數佛等。

「四聖」可說已是完美生命形式。他們的存在,是個體生命昇華的結果,
其本體實應是無相而在的。但從本體顯化意義上而言,他們又常常被信徒凝
固為一種具體生命形象,是以變成「諸佛菩薩」。

如此種種生命形態,總為十數,故稱「十法界」。「十法界是從人類切實
的經驗中所抽象出來的人類存在的十種狀態。這十種狀態,它們就內在於個
人的自我之中,作為每個人的生命的基礎。正是在這不同的基礎上才建立起
了不同的人格。」〔註5〕這是佛教建構的基本生命範疇認知,禪宗對其盡數
繼承。而這也是佛教生命觀、禪宗生命學的主要理論基礎。一切眾生,均可
視為在此十法界之內。

二、十種異生

異生,多種經論中均有闡說:

> 凡夫者,正譯應云異生。謂由無明故,隨業受報不得自在,墮
> 於種種趣中,色心象類各各差別,故曰異生也。〔註6〕

> 異生者,執異見而生,故曰異生。即舊名凡夫也。〔註7〕

> 異生,梵言婆羅必栗託仡那,婆羅,此云愚。必栗託,此云異。
> 仡那,此名生。應作愚異生,言愚癡闇冥,無有智慧。但起我見,
> 不生無漏也。亦言小兒別生,以如小兒不同聖生,故論中作小兒凡
> 夫是也。又名嬰愚凡夫,亦云嬰兒凡夫。凡夫者義譯也。舊經中或
> 言毛道凡夫。〔註8〕

約之,「異生」概指由不同業因而形成的不同生命類別。這些異生承受著
不同的異熟果報,同時又在造作著不同的業。從這個角度說,異生幾乎已經囊

〔註4〕《摩訶般若波羅蜜經》卷二十二,《大正藏》第8冊,第379頁。
〔註5〕劉軍、繆家福:《佛教的生命觀——日本池田大作〈論生命〉一書介紹》,《法
音》1988年第1期。
〔註6〕〔唐〕一行:《大毘盧遮那成佛經疏》卷一,《大正藏》第39冊,第592頁。
〔註7〕〔唐〕法藏:《華嚴經探玄記》卷十,《大正藏》第35冊,第300頁。
〔註8〕〔唐〕玄應:《一切經音義》卷二十三,《中華藏》第57冊,第98頁。

括了三界六道所有生命形態。佛教一般總稱為「十種異生」。當然，在有些典籍中，也有「十二類生」的說法。此容後敘。

關於「十種異生」，《金剛經》載：

> 佛告須菩提：「諸菩薩摩訶薩，應如是降伏其心：『所有一切眾生之類，若卵生、若胎生、若濕生、若化生、若有色、若無色、若有想、若無想、若非有想、非無想，我皆令入無餘涅槃而滅度之。』如是滅度無量無數無邊眾生，實無眾生得滅度者。何以故？須菩提！若菩薩有我相、人相、眾生相、壽者相，即非菩薩。」〔註9〕

其中，令入無餘涅槃而滅度的「眾生」有十類，即卵生、胎生、濕生、化生、有色、無色、有想、無想、非有想、非無想。此經既然講度盡一切眾生，說明這「十種異生」已經包含了所有生命類別。而且按照一般業力輪迴原理，這「十種異生」應該就是統攝在六道輪迴中的十類生命。

《首楞嚴經》中也提到過「十種異生」：

> 阿難白佛言：「世尊！一切世間十種異生，同將識心居在身內；縱觀如來青蓮花眼亦在佛面，我今觀此浮根四塵祇在我面，如是識心實居身內。」〔註10〕

對上述相應內容，佛教還有「十二類生」的表述。曾鳳儀《楞嚴經宗通》云：

> 十種異生，如後列十二類生：胎、卵、濕、化、有色、無色、有想、無想、若非有色、若非無色、若非有想、若非無想。除空散消沉土木金石二類，非心眼倫，故曰十種。〔註11〕

其中，不同「十種異生」者，有第六生無色，此生因無色身，故無心在色身內之想；第八生無想，此生無意識心，無分別心，或指土木金石類，或指意識泯滅類。一般情況下，表述為「十種異生」也就是指「十二種異生」，因為第六、第八「非心眼倫」，無心識，無形當中已經包含、指稱在內。

至於「十種異生」的含義和特性，可簡述如下：

卵生，以產卵方式進行繁殖的物類，如鳥類、禽類、魚類、蟲類等。

胎生，即胎生動物類，如人、牛、羊、豬、犬等。

〔註9〕《金剛經》，《大正藏》第8冊，第749頁。
〔註10〕《首楞嚴經》卷一，《大正藏》第19冊，第107頁。
〔註11〕〔明〕曾鳳儀：《楞嚴經宗通》，《卍新續藏》第16冊，第756頁。

　　濕生，此類物種僅依賴濕氣、水分就可以蘊積生成，如蚊蚋、飛蛾、蟋蟀等。

　　化生，這類生命不需依賴任何物質、母體，其形成由業力、因緣決定，自然生成，在特定情況下便可化形而出，例如米蟲、水蟲，乃至六道中的部分人、餓鬼、天人，均屬化生。而且考其源頭，六道之初實也因化生而來。

　　上述卵生、胎生、濕生、化生四類，其特質為：「卵生者迷性也，胎生者習性也，濕生者隨邪性也，化生者見趣性也。迷故造諸業，習故常流轉，隨邪心不定，見趣多偏墜。」〔註12〕即卵生的屬性是愚迷、胎生屬性是輪迴流轉、濕生的屬性是心邪不定、化生的屬性是偏墜沉淪。這些屬性都是由歷劫業習造成的。

　　有色，「色」即形相、物體，有色即具有實體的眾生。特質為：「起心修心，妄見是非，內不契無相之理，名為有色。」〔註13〕有身體色相的眾生，常常以心修心，陷入身心執著，產生是非判斷，多無法契合無相自性之道。

　　無色，無色眾生無實體，但實際存在，此類生命多為信息形式。特質為：「內心守直，不行恭敬供養，但言直心是佛，不修福慧，名為無色。」〔註14〕既然無色，便不受色身限制，內心正直有德，但不足之處是不恭敬供養，不修福德智慧，只口說直心是佛而心不實行，故而容易墮落。多指諸天人之類。

　　有想，「想」可解為「意識」「覺受」。此類生命一般是指有思想意識的人，也指由「想」而衍生的生命，例如某些神靈、神識、靈識類。特質為：「不了中道，眼見耳聞，心想思惟，愛著法相，口說佛行，心不依行，名為有想。」〔註15〕因限於識想，多從心念、思維上解讀實相，但實際上只在意識界內「修持」，易成執著，真心未動。

　　無想，指無情眾生，如山河大地、草木金石等。以人來對應，則「無想眾生」特質為：「迷人坐禪，一向除妄，不學慈悲喜捨智慧方便，猶如木石，無有作用，名為無想。」〔註16〕無想類拘執於對治妄念，未真實學修慈悲喜捨智慧方便，最終如同木石，無感情、無創生。

　　非有想，「非有想」並不是「無想」，而是意識、思想並不突出，但又有生

〔註12〕〔唐〕惠能（託名）：《金剛經解義》，《卍新續藏》第24冊，第519頁。
〔註13〕〔唐〕惠能（託名）：《金剛經解義》，《卍新續藏》第24冊，第519頁。
〔註14〕〔唐〕惠能（託名）：《金剛經解義》，《卍新續藏》第24冊，第519頁。
〔註15〕〔唐〕惠能（託名）：《金剛經解義》，《卍新續藏》第24冊，第519頁。
〔註16〕〔唐〕惠能（託名）：《金剛經解義》，《卍新續藏》第24冊，第519頁。

命意識，靠這種生命意識，會逐漸使生命形態發生變化。特質為：「不著二法想，故名若非有想。」〔註17〕這類生命，其實是無色界天。

非無想，「非無想」也不是「有想」。「有想」會執著於「心識」，而「非無想」則是在「想不想」之間，被心識的拘役極弱，實際上也是無色界天之一種。其特質為「求理心在，故名若非無想」〔註18〕，即無雜心，有求解脫心，但還是容易安穩於安樂現狀，最終導致墮落沉淪。

其實，這「十種異生」，「煩惱萬差，皆是垢心，身形無數，總名眾生。如來大悲普化，皆令得入無餘涅槃。」〔註19〕即「十種異生」只是生命形態不同而已，無論分別得多麼細緻或多麼複雜，其本質都是經由心念、業力、因緣而最終形成的。成佛解脫所要度盡的，就是這種種眾生。

三、有情無情

禪宗亦將生命又劃分為「有情眾生」和「無情眾生」兩大類。「有情眾生」即有情識、意識的生命形態，諸如人、動物等；而「無情眾生」則是無情識、無意識的生命形態，例如花草樹木等。有的地方，也會將金石、雲泥、山水等視為無情眾生之一種。同時，有情眾生又被稱為「情世間」，無情眾生又被稱為「器世間」。清代弘贊《六道集》云：

> 情世間者，謂一切有情眾生，皆假五陰和合，眾共而生。各各
> 差別不同，故名情世間。器世間者，謂一切無情世界，皆假山河大
> 地而成。各各差別不同，故名器世間。〔註20〕

引文說明了有情無情之別在「情識」。在此倫理基礎上，禪宗對待有情無情生命也有區別，惠能《壇經》中記載：

> 惠能後至曹溪，又被惡人尋逐。乃於四會，避難獵人隊中，凡經
> 一十五載，時與獵人隨宜說法。獵人常令守網，每見生命，盡放之。
> 每至飯時，以菜寄煮肉鍋。或問，則對曰：「但吃肉邊菜。」〔註21〕

惠能行為「但吃肉邊菜」即所謂吃素，不吃有情眾生；而無情眾生因其無情識，故可當做食物。

〔註17〕〔唐〕惠能（託名）：《金剛經解義》，《卍新續藏》第 24 冊，第 519 頁。
〔註18〕〔唐〕惠能（託名）：《金剛經解義》，《卍新續藏》第 24 冊，第 519 頁。
〔註19〕〔唐〕惠能（託名）：《金剛經解義》，《卍新續藏》第 24 冊，第 519 頁。
〔註20〕〔清〕弘贊：《六道集》，《卍新續藏》第 88 冊，第 109 頁。
〔註21〕〔唐〕惠能：《壇經》，《大正藏》第 48 冊，第 349 頁。

當然，誓願成佛成就者，無論有情無情，一切眾生都要度盡。如清智證《慈悲道場水懺法隨聞錄》云：

> 六道眾生，父母與己三緣和合，乃至五陰四大眾法共生故名眾生。又土木金石等無情眾生，因宿生修偏枯死定，故墮無知。諸佛為菩薩時，亦發願度之，成圓滿實覺，故曰情與無情，同圓種智。〔註22〕

也就是說，諸佛菩薩不但要度六道眾生，一切無情眾生也應度盡，才可真正自覺覺他、覺行圓滿。

總體而言，有情無情是整體佛教同時也是禪宗劃分生命的兩大類別。

四、指稱人類主體

生命並非單獨指人類，但一般談及生命，總會傾向性地集中在人身上，尤其是人類「主體意識」。因為一切解脫法是人建構起來的，也只有人會表現出如此強烈的解脫需求。禪學範疇的「主體」，主要指人類「意識觀念」的存在。它在禪宗理念中具體表達為「人我」。歷代學術視野中，似乎主體的存在非常清晰，如「若無世人，一切本不自有」〔註23〕，「人是一切社會關係的總和」〔註24〕等，都是對主體的判說。主體被認為是裁定一切的絕對實存尺度，但它卻又是極其模糊的，一切學問總只是在無休止地「認識你自己」，局限在「主體設定的視野」中循環自我認定。從禪宗「人我法空」觀點看，主體是各種因緣的聚合，是虛幻的。

絕大部分理論體系中，主體的「思想觀念」屬於絕對實存，但禪宗「主體觀」，出於超越生命局限性之目的而認為主體虛幻不實。「人我主體」，核心是因緣而生的「觀念模式」，是思想對一切有無的判定執持。人我諸法，僅僅是一種「觀念」。禪宗主體觀，即在於宣說此人我法皆空：生理之我由四大合成，故空；意識觀念之我也僅是外緣促動而生的一種「作用」，亦不堅實長久。人心因外境而動，起各種無明造作，這些都「全無實有」。此能取、所取之心，即人我主體。禪宗將其判定為因緣生成，為幻屬，不可取。

禪宗對人我虛幻的判定，並不是簡單地列出真假對立，它還有更為細微

〔註22〕〔清〕智證：《慈悲道場水懺法隨聞錄》（《慈悲水懺法》），《卍新續藏》第74冊，第663頁。

〔註23〕〔唐〕惠能：《壇經》，《大正藏》第48冊，第350頁。

〔註24〕《馬克思恩格斯全集》第1卷，人民出版社，1979年，第60頁。

的分析：人我，甚至包含著主體對真、假的執著。即禪僧摩訶衍所謂「金索繩索皆是繫縛，黑雲白雲俱障虛空」〔註25〕之理，縱然口說無染真性之名，一旦執著於此妙心實有，又成一種「人我」，同樣陷於主體虛幻之中。言下之意，表面上破了人我，但常常又陷於破不破的評判取捨，由此墮入法我，即更深一層的主體執著。實際上，凡是對某種觀念的執著，都屬人我主體執著，而不限於智慧凡愚、人我法我的對象差異。禪宗對人我生命實質的把握，是非常深刻、獨到的。這種「主體」，就是所要度盡的一切眾生之一，也即禪門著重強調的「心中眾生」，絕大多數情況下，被特指為生命的主要內容。

五、暗指生命實相

禪宗理論中，主體之後，生命還存在一個「非主體」的「無染真性」。「生命實相」僅僅是生命的形態之一、境界之一，並不能代稱「生命」。但在禪宗實踐中，諸多場景下提及「生命」，便會暗含著指稱「生命實相」之意。這主要是禪宗將自身理論提升到了生命關懷的高度，暗含著整體生命、終極生命的特質。

正是在此無染生命實相的對比、映照之下，人我妄心才顯出其虛幻不實來。這也意味著，唯一真實者，是無染之生命實相，而生命實相之所以無法顯現，就是因此種種「觀念」的執著障蔽。勘破人我之執，才是無障礙的不二智慧。在這種「真」和「幻」的強烈對比下，禪宗才毫不懷疑「人我」的虛幻性，即使是安立人我之名，也不過是因為「觀念」表意的需要，才「若就世諦假名為我」〔註26〕。

禪宗體系龐大，不同支系之間對「生命實相」的描述難免會有一些差別，甚至會出現形式上的矛盾。然而這些五花八門的表述，卻都在證明一個基本觀點：從生命實相的角度看，人我是虛幻不實的，執於人我，即是一個虛幻主體的生成；超離人我，才是真正的生命實相、生命真實，也即所謂的「生命暗指生命實相」。

有一點還須加以說明，因其心性超越和生命修持的實踐特性，禪宗並沒有陷入破除一個主體，又建立一個更為隱秘主體的循環論。此生命實相，並非主體，而是不受思想觀念所左右，已經脫離了業果污染的無相實相。也就

〔註25〕宗喀巴：《菩提道次第廣論》，《宗喀巴大師集》第 1 卷，北京：民族出版社，2001 年，第 253 頁。
〔註26〕〔宋〕志磐：《佛祖統紀》卷三十四，《大正藏》第 49 冊，第 328 頁。

是說，主體是「意識層面」建立的一種局限性「觀念」，此主體意識不過是實相之功用，是一種工具，唯有不受此工具限定的無相實相，才能達到真正的出離主客之外。此實相真心能覺能照，如實顯現著世間一切相而又不陷入是非判斷。在此意義上講，超離生命現象，絕非空無，而是繼之以呈現生命的本來面目，如是如實，度一切苦厄。禪宗的種種見地教法，即為確證此生命實相而設立。

第二節　禪宗的生命生成觀

生命最初源自何處？如何生成？這類問題一直是人類最為關心的生命問題。禪宗也不例外，花了大量篇幅在諸多場合討論相關內容。而且相應觀點也逐漸成為生命生成論的代表性觀點之一。〔註27〕總體而言，以下幾方面較能體現禪宗的生命生成觀。

一、器世間萬相的生成

此處先看器世間如何生成。《首楞嚴經》卷四富樓那與佛陀的問對中，體現了佛教的器世間生成因緣。富樓那問佛陀：

> 世尊！若復世間一切根、塵、陰、處、界等，皆如來藏清淨本
> 然，云何忽生山河大地諸有為相，次第遷流終而復始？又如來說地、
> 水、火、風本性圓融，周遍法界湛然常住。世尊！若地性遍，云何
> 容水？水性周遍火則不生，復云何明水火二性俱遍虛空，不相歉滅？
> 世尊！地性障礙，空性虛通，云何二俱周遍法界？而我不知是義攸

〔註27〕當前最為流行的「進化論」認為人類由猿人進化而來，但隨著社會進步和研究的深入，「進化論」逐漸面臨著一些質疑。例如：其一，猿人和人是不同物種，二者之間不是進化而是「跨物種」，如何實現跨越？其二，為何猿人和人能夠同時存在？是否有的猿人無法進化為人？其三，猿人進化成人的過程中，人的意識是如何提升和完善的？其四，猿人又是如何形成的？如果是由單細胞逐漸演化成多細胞，再演化成猿人，那麼，最初的單細胞生命又如何得來？誠然，進化論的存在和運作在部分物種、社會層面確實是顯而易見的，此處也並不是簡單地判斷進化論、禪宗生命生成論的是非對錯，而是藉以思考、探索生命的生成始末與實質。佛教的生命生成論總體上是「退化論」。生命的原初生成是即刻、一瞬間因緣化生的，而所謂的「進化論」在佛教理論中其實是從諸天退化為人類，再逐步適應世間的過程。佛教從根本上並不認為器世間、情世間的生成是「進化」，反而是「退化」。至於在人界修行見性解脫的過程，雖說已在「進化」，但本質上只是「恢復」高級生命層次。

往，惟願如來宣流大慈，開我迷雲及諸大眾。〔註28〕

富樓那所問的主要意思是：一切根、塵、陰、處、界等，都是清淨無染、自然自在的，本無一物，但世間為何會突然創生山河大地諸相、地水火風等形態？

佛陀先是在「明覺」「無明」等問題上與富樓那對談，為之後回答山河大地等器世間如何生成做下鋪墊：

佛言：「富樓那！如汝所言，清淨本然云何忽生山河大地？汝常不聞如來宣說性覺妙明、本覺明妙？」

富樓那言：「唯然，世尊！我常聞佛宣說斯義。」

佛言：「汝稱覺明，為復性明稱名為覺？為覺不明稱為明覺？」

富樓那言：「若此不明名為覺者，則無無明。」

佛言：「若無所明則無明覺，有所非覺無所非明，無明又非覺湛明性。性覺必明，妄為明覺；覺非所明，因明立所。所既妄立，生汝妄能；無同異中熾然成異，異彼所異因異立同，同異發明，因此復立無同無異。如是擾亂相待生勞，勞久發塵自相渾濁，由是引起塵勞煩惱起為世界。靜成虛空，虛空為同，世界為異，彼無同異真有為法。覺明空昧相待成搖，故有風輪執持世界；因空生搖，堅明立礙彼金寶者，明覺立堅，故有金輪保持國土；堅覺寶成，搖明風出，風金相摩故有火光為變化性，寶明生潤，火光上蒸，故有水輪含十方界；火騰水降交發立堅，濕為巨海乾為洲潭，以是義故，彼大海中火光常起，彼洲潭中江河常注，水勢劣、火結為高山，是故山石擊則成炎、融則成水，土勢劣、水抽為草木，是故林藪遇燒成土、因絞成水。交妄發生遞相為種，以是因緣世界相續。」〔註29〕

言下之意，但凡理解、體貼明覺，則無無明，關於山河大地產生等問題便能了知。而一旦無明，所謂的「明覺」就成「妄」。繼而就會「妄覺」「妄立」「妄能」，種種業因在此之間便交相作用，產生種種塵勞煩惱。由此，虛空之中便開始動搖而生地水火風，地水火風再交織相互影響，相應的器世間相狀便開始萌生，聚成山河大地、草木金石。「無明」如此交妄發生，持續相互為因、為種，於是世界也就一直因緣產生、變動不息，最終凝聚成廣大器世間。

〔註28〕《首楞嚴經》卷四，般剌蜜帝譯，《大正藏》第 19 冊，第 119 頁。
〔註29〕《首楞嚴經》卷四，般剌蜜帝譯，《大正藏》第 19 冊，第 119 頁。

二、情世間生命的生成

佛教的宇宙觀由無量無數器世間、無量無邊劫構成，情世間和器世間的生成並非單一的先後、因果邏輯。情世間，包括諸天、四聖等的化生存在促生了器世間，而在特殊的區間、階段，器世間又促成了情世間的化生、轉生。在特定的器世間裏，卵生、胎生、濕生、化身的生成是這樣的：

> 明妄非他，覺明為咎。所妄既立，明理不踰，以是因緣，聽不出聲，見不超色，色香味觸六妄成就，由是分開見覺聞知，同業相纏合離成化，見明色發明見想成，異見成憎同想成愛，流愛為種納想為胎，交遘發生吸引同業，故有因緣生羯囉藍、遏蒲曇等，胎卵濕化隨其所應，卵唯想生、胎因情有、濕以合感、化以離應，情想合離更相變易，所有受業逐其飛沈，以是因緣眾生相續。〔註30〕

引文主要談了情世間生命的生成。大致意思是，無明妄想之錯謬在於執著於所要明確覺悟的對象，一旦執迷，就不能真正明事覺理。如此，便不知音，不辨色，在認知色、聲、香、味、觸、法中生出迷妄。於是，盲動、欲望便產生，不合則厭憎，合則歡喜。體現在男女之間，便成為情想愛欲，由是結合生出胎兒。其餘胎生、卵生、濕生、化生者，原理莫不如此。都隨其所積業因，或上升，或沉淪，各各成為相應生命形態。從而相續不絕，推動了情世間的生成、演化。

在此基礎上，各種生命之間或愛或恨，或爭或鬥，弱肉強食，甚至有殺盜淫等惡劣因緣相續，成種種顛倒罪惡。由此，又因妄心、妄見影響了器世間的產生和動向：

> 如是三種顛倒相續，皆是覺明明了知性，因了發相，從妄見生山河大地，諸有為相次第遷流，因此虛妄終而復始。〔註31〕

由是，情世間和器世間相互促成、纏繞，甚至最終的壞滅，也是相互影響的結果。可以這麼理解，器世間、人包括一切有情眾生都是如上所說而產生的。這是各法界、各部州生命產生的共相。總言之，情世間自有其緣生之處，如墮生、化生、轉生，但同樣也受器世間的影響，共振，相互纏繞而成。自此周而復始，進入流轉。唯有真正證悟解脫，才能夠脫離此輪轉業力，自在自足。

〔註30〕《首楞嚴經》卷四，般剌蜜帝譯，《大正藏》第 19 冊，第 119 頁。
〔註31〕《首楞嚴經》卷四，般剌蜜帝譯，《大正藏》第 19 冊，第 119 頁。

三、生命生成的「一念因」

　　生命因「一念」而生是佛教的主要生命生成觀，禪宗尤其繼承和發展了這一觀點。清代弘贊《六道集》云：

> 夫三界定位，六道區分，皆由最初一念識心倏起，而妄想結成有漏之因。故有三世循環，十二緣生。托質則形分粗細，感報則苦樂殊途。〔註32〕

　　其中明確將三界六道的劃分、形成歸為「一念識心倏起」。因此一念，遂有妄想，遂成有漏之因，於是引動三世輪迴以及十二因緣的循環輪轉。實際上，在禪宗視野中，何止此三界六道，就連十法界的生命之原初也是因一念而有。如《南石和尚語錄》卷三云：

> 一念生時一佛成，恒沙煩惱等閒傾。頭頭盡是毗盧藏，在在皆為極樂城。抹過五時兼五味，掃空三慧及三明。風前唱起還鄉曲，竹杖芒鞋側耳聽。〔註33〕

　　一般而言，「一念生」往往陷入心識運作，拘於實物相狀，但在南石和尚觀念中，一念生之際，即是佛之妙用，當下即是佛生佛成，萬千煩惱、世間萬象盡是極樂妙土，三慧、三明均無所執著而逍遙自在。此中的「一念」已非「妄念」，而是「佛念妙用」，故而每生一念，則一佛成就。相應原理，《橫川和尚語錄》亦云：

> 一念不生，是文殊境界。一念生時，是普賢境界。〔註34〕

　　一念不生，自是心在文殊菩薩境，一念生出，也自是普賢菩薩境。無念時自在安住，有念時妙用創生。紫柏真可《全集》云：

> 如一念生，則盡虛空界俱生，無有芥子許空隙。可容滅者，滅亦如是。故維摩謂彌勒曰：一切眾生皆如。〔註35〕

　　這也是從覺者的視野看待生命創生的。一念生起、動用，則創生出虛空世界；如一念滅卻，則滿世界也頓然消失。故而維摩詰對彌勒說，一切眾生的生滅也是由一念而生滅。《五燈會元》卷四在記錄杭州千頃山楚南禪師時也云：

〔註32〕〔清〕弘贊：《六道集》，《卍新續藏》第88冊，第109頁。

〔註33〕〔明〕南石文琇：《南石和尚語錄》卷三，宗謐、良玠等編，《卍新續藏》第71冊，第721頁。

〔註34〕〔元〕橫川行琪：《橫川和尚語錄》，本光等編，《卍新續藏》第71冊，第194頁。

〔註35〕〔明〕紫柏真可：《紫柏尊者全集》卷五，《卍新續藏》第73冊，第189頁。

微有念生，便具五陰三界。輪迴生死，皆從汝一念生。所以佛
教諸菩薩云「佛所護念」。〔註36〕

楚南禪師說，一念剛剛生起，便形成色受想行識、欲界色界無色界。所謂的生死輪迴，無不是從一念生開始的。換句話說，三界眾生之形成莫不是因此一念而凝結，而墮落。所以佛陀教眾菩薩者，即是佛陀所善護之念。以此善護之念，所創生者便是清淨世界。

很多場合下，禪宗以一句「一念生」便概括了十法界生命的生成，其中並不見得每一次都具體談到某生命種類。但總體而言，認為並論說生命由「一念因」產生已成禪宗廣泛共識。

此處還有一個問題：既然生命由「一念」而生成，那麼，會產生這「一念」的生命是如何最先生成的？此問題涉及一切生命生成的總根源，暫留稍後總論。

四、其餘法界生命留居人間

此處的其餘法界生命滯留人間乃針對人類生命而言。禪宗繼承佛教的觀點，認為人類的最初形成主要是由高維生命墮落人間。實際上，關於人類的來源，禪宗認為還有其餘維度時空因業力或誓願而來者，或自然自生者，又或是主動投胎轉世者等。總之，「世間」人類的來源或產生具有多維性、多樣性，並非單一形式。其中，人類來源於「光音天」「遍淨天」等較為人所知。

（一）源於光音天

源於「光音天」乃特別針對人類生命而言。這一觀點其實是禪宗從早期佛教理論系統中繼承的。

「光音天」是佛教建構的三界（欲界、色界、無色界）「二十八天」之一。《法門名義集》云：

二十八天，欲界有六天，色界有十八天，無色界有四天。

欲界六天：第一四天王天（修中之下品十善則生其中），第二忉利天（修中之中品善則生其中），第三夜摩天（修中之上品十善則生品十其中），第四兜率陀天（修上之下品十善發願行慈則生其中），第五化樂天（修上之中品十善則生其中），第六他化自在天（威力自在與佛等故，稱為魔王，修上上品十善則生其中）。

〔註36〕〔宋〕普濟：《五燈會元》卷四，《卍新續藏》第80冊，第102頁。

色界四禪合十八天：初禪（梵天、梵眾天、大梵天），第二禪（少
光天、無量光天、光音天），第三禪（少淨天、無量淨天、遍淨天），
第四禪（福生天、福受天、廣果天、無極天，此四天是凡夫。無煩
惱天、無熱天、善見天、善現天、色究竟天，從無煩惱天以後五天
是阿那含人，依第四禪修五品動禪生五天中，名五淨居天）。

無色界四天：空處天，識處天，無處有處天，非想非非想天（凡
夫爾時謂心都盡，名為涅槃，聖者以理集之，怛無粗想，由有細想
具足四心，是以更施後句情理合說故，曰非想非非想天，壽命八萬
大劫。此三界中最上，名曰有頂，亦名第一有也）。〔註37〕

所謂的「光音天」就是三界二十八天中的第十二天，色界四禪十八天中的
第六天，屬二禪。

上述有「二十八天」，但佛教經常講「三十三天」。實際上，所謂「三十
三天」並非真有「三十三重」。而是三界二十八重天中，欲界六天的第二天「忉
利天」譯成漢語稱為「三十三天」，此「三十三天」，中央為帝釋天居所「忉
利天」，另東西南北四方還各分布八天，所以才有「三十三天」之說，與「二
十八天」並非同類概念，而是包含在三界「二十八天」之中。

至於「光音天」的生命如何來到人間，《佛說長阿含經》卷十一做了說明：

或有此世間初壞敗時，有餘眾生命盡行盡，從光音天命終，乃
更生余空梵處。於彼起愛，生樂著心，復欲使餘眾生來生此處，其
餘眾生命盡行盡，復生彼處。〔註38〕

此處所論，本是某沙門、婆羅門認為世界、人類乃梵天所造，佛陀給予解
答，說明此間人類乃是光音天毀敗後，其天人等諸生命命終，共同轉生而來。
《佛說白衣金幢二婆羅門緣起經》也有類似觀點：

復次，白衣！過極久遠，此界壞時，當界有情，還復往生光音
天中。過極久遠，此界成時，別界有情，光音天歿，而來生此。是
諸有情，各有身光，清淨皎潔騰空而行，隨欲能往，適悅快樂，如
意自在。以彼有情身有光故，世界爾時，日月光明悉不出現；以其
日月光不現故，星亦不現；星不現故，宿亦不現；宿不現故，亦不
分別晝夜殊異；以其不分晝夜異故，年月日時，亦無差別。亦復不

〔註37〕〔唐〕李師政：《法門名義集》，《大正藏》第 54 冊，第 204 頁。
〔註38〕《佛說長阿含經》卷十一，《大正藏》第 1 冊，第 69 頁。

分男女形相。爾時有情，法爾自然，身光互照。〔註39〕

這是佛陀在舍衛國故廢園林鹿母堂中為白衣、金幢二婆羅門所說法。其中談到，在過去極久遠之世，「某世界」（此界）崩壞，其中有情眾生便遷往光音天。又在過去極久遠之世，光音天毀壞，眾生命終，因此轉來此人間法界。初來之時，還保留著天人的特點、殊勝，比如身形皎潔有光，能騰空飛昇，無苦惱，生命長久，不分男女，彼時眾生以身光互照交流共存。

然而時日既久，這種情況就發生了變化，從「光音天」來此世界之眾生逐漸變為人形。據《增一阿含經》中描繪：

> 比丘當知，或有是時，水滅地復還生。是時，地上自然有地肥，極為香美，勝於甘露。欲知彼地肥氣味，猶如甜蒲桃酒。比丘當知，或有此時，光音天自相謂言：「我等欲至閻浮提，觀看彼地形還復之時。」光音天子來下世間，見地上有此地肥，便以指嘗著口中而取食之。是時，天子食地肥多者，轉無威神，又無光明，身體遂重而生骨肉，即失神足，不復能飛；又彼天子食地肥少，身體不重，亦復不失神足，亦能在虛空中飛行。

> 是時，天子失神足者，皆共呼哭自相謂言：「我等今日極為窮厄，復失神足。」即住世間，不能復還天上，遂食此地肥。各各相視顏色。彼時天子欲意多者，便成女人，遂行情慾，共相娛樂。是謂，比丘！初世成時，有此淫法，流佈世間，是舊常之法，女人必出於世；亦復舊法，非適今也。是時，餘光音天見此天子以墮落，皆來呵罵而告之曰：「汝等何為行此不淨之行？」是時，眾生復作是念：「我等當作方便，宜共止宿，使人不見。」轉轉作屋舍，自覆形體。

> 是謂，比丘！有此因緣，今有屋舍。〔註40〕

天人墮居人間後，迷失於吃喝口欲，身體變得濁重，失去了飛昇能力，再無法回歸天界。於是呼喊嚎哭，最後只能接受無法離開的事實。後來，天人又欲望逐漸增多，直至產生淫慾，化身男女，自此轉身為人。

中土佛教毫無疑問也認為人類生命來自於「光音天」，梁代僧祐《釋迦譜》云：

> 時天子欲情意，多者便成女人。遂行情慾共相娛樂，互相瞻視

〔註39〕《白衣金幢二婆羅門緣起經》，施護等譯，《大正藏》第1冊，第218頁。
〔註40〕《增壹阿含經》卷三十四，《大正藏》第2冊，第373頁。

遂生欲想，共在屏處為不淨行。餘眾生見，咄哉非法，云何眾生有
如是事？男子見他呵責，即自悔過，自身投地。其彼女人即送食與
之，扶之令起。因此世間便有不善夫主之名，以送飯與夫名之為妻。
其後眾生遂為淫妷。為自障蔽，遂造屋舍。以此因緣，世中立家。
其後眾生淫妷轉增，遂夫妻共住。其餘眾生壽福行盡，從光音天來
生此間。在母胎中，因此世間有處胎生。〔註41〕

此文雖簡短，記敘卻非常生動傳神。由於光音天眾生長期食用地肥，心
念增多，產生了俗世人類的情慾，遂逐漸產生男女性別，於是男女交歡。最
初，依然有眾生守著光音天的基本倫理，呵斥交歡男女。有男子因此伏地懺
悔。出於關心牽絆，女子便送食物與男子，並扶起男子。如此一來，男女之
間便成了夫妻，最基本的家庭單位便組合起來，最終共同生活、勞作。同時，
其餘光音天的眾生命終之時，又因交感而投胎來此間夫妻家中，於是人類有
了胎生的形式。

在宋僧睦庵善卿《祖庭事苑》中，也談到了類似情節：

佛生天竺，彼土士族婆羅門總稱為梵。梵者，清淨也，承胤光
音天。劫初來此，食地肥，身重不去，因即為人。仍其本名，故稱
為梵。〔註42〕

清僧行省《虛舟省禪師語錄》也云：

教中云：光音天人初下閻浮，染指清泉，口舐甘露，致身重濁，
不得飛騰，遂幻生夫婦男女，廣衍父子兄弟。然合必有離，聚即是
散，如雲過山，山不礙雲，如月落潭，潭不留月，所以諸祖覷破，
寂滅為樂。〔註43〕

禪宗典籍對人類從光音天轉來之事，大多談得較為簡略。原因一是之前佛
教典籍中已經記錄得極為詳盡豐富，無須再多論；二是禪宗強調在當下見性解
脫，關於生命來源，知曉即可，不願過多糾結生命從何處轉來，如何轉來。

這是從「光音天」來者之說。此外還有其餘說法。

（二）源於遍淨天

「遍淨天」是三界「二十八天」中的第十五天，色界四禪十八天中的第九

〔註41〕〔梁〕僧祐：《釋迦譜》，《大正藏》第 50 冊，第 1 頁。
〔註42〕〔宋〕睦庵（善卿）：《祖庭事苑》卷一，《卍新續藏》第 64 冊，第 316 頁。
〔註43〕〔清〕行省：《虛舟省禪師語錄》，超直編，《嘉興藏》第 33 冊，第 372 頁。

天，第三禪，在維度或境界上高於「光音天」。關於生命源於「遍淨天」，《眾許摩訶帝經》云：

> 爾時大目犍連復告眾言：「當爾劫壞，眾生生遍淨天者，以彼天中福壽俱盡，捨遍淨天生於人間，所生之身亦如天界，身相端嚴諸根無缺妙色廣大，自有身光恒常照曜，長壽喜樂騰空自在。於其爾時無日月星辰，無歲數月時等，亦無男女眾生之相；出生地味以為飲食。如是地味甘美細妙，有情食已而生愛著；於其後時貪味轉盛，忽令身體而得沉重，所有光忽然不見，於是世間普皆黑暗。爾時有情見是世間普皆黑暗，種種驚惶心生憂惱，由是世間出現日月及星曜等，始分晝夜及其時候。如是有情壽命長遠無諸病惱，於其地味貪著多者，色相損減而獲醜惡；貪著少者其身色相恒自端嚴，如是隨心分別二相黑白果報。而彼眾生互相憎嫉而成不善，以不善故，由此地味即便隱沒，以隱沒故，令諸眾生心生熱惱，作如是言：『今無所食，深苦！深苦！』又復思惟：『最上地味云何隱沒？未來眾生云何得食？』令生苦惱疲乏之患，而不可知、不可言說。」〔註44〕

這是摩訶迦葉在法會中入定「諦觀」「追溯」後，對大眾敘述所見人類生命之來源。迦葉說：其他眾生往生遍淨天，歷經多劫以後，福壽俱盡，於是捨去「遍淨天」而轉生於人世間。剛剛生於人間之時，身形也如在「遍淨天」一樣，身相端嚴、諸根無缺、妙色廣大，自身發光照耀周邊，而且長壽，能飛行。當時人間尚無日月星辰、時光歲月、男女眾生之別。但因以地味為食，逐漸產生愛欲，而且出現貪著，於是身心濁重，失去了之前的天人特徵、能力，最終連世間都開始黑暗。此後，世間逐漸產生日月星辰，天人也變成俗世中的「人道」，不但短壽、醜陋，還生出種種妒忌、醜惡、煩惱。由此成為現實中的「人」。

這一生命來源的原理和「源自光音天」一樣，只不過「光音天」和「遍淨天」在層級上有高低差異。然而，「遍淨天」的生命又從何而來？

這一答案可持續從《眾許摩訶帝經》中追溯，迦葉入定諦觀佛陀的累世因緣，繼而看到了「遍淨天」眾生的來源。云：

> 爾時，會中大目犍連默然思惟，經須臾頃收僧伽梨衣安在頭邊，右脅枕臥累足不動入三摩地；而復觀察世尊過去之世，所生之處，

〔註44〕《佛說眾許摩訶帝經》卷一，法賢譯，《大正藏》第 3 冊，第 932 頁。

若姓、若族及因緣事，如實了知無其錯謬，即便出定於大眾前復坐本座。尊者大目犍連告釋眾曰：「我於三昧觀彼憍答摩往昔之事，世界壞時，彼諸眾生命終之後，而得往生遍淨天中；生彼天已，諸根圓滿身相端嚴，眾苦不生身心適悅，色相光明騰空自在；以天甘味而為飲食，壽量長時無中夭者。爾時大地，大水所生滿虛空中，猶如大海風吹波浪，如煎熟乳其水清涼，為彼後時一切眾生，所食清淨最上地味。」〔註45〕

迦葉所觀本為追溯佛陀的累世際遇，定中發現，佛陀的某一世中，當時的眾生由於世界毀壞，生命終結，從而往生「遍淨天」。眾生如何能夠往生遍淨天？極有可能是按照信徒的信仰邏輯，受佛陀庇佑而實現。既往生「遍淨天」，就具有了「遍淨天」中「天人」的一切特質。如諸根圓滿、身相端嚴、身心適悅無苦惱、色相光明能飛行、所食為天上甘味、壽命無限長等。只是後因「遍淨天」世界毀壞，才轉生人間。

其中表達出一種邏輯，即生命在三界六道諸天中輪迴，互生，相互成其為生命之源。此處雖沒有說明生命的最初源頭，但至少說清了人世間生命的來源之一是「遍淨天」。

（三）共生於其餘人界、天界

從佛教典籍的記述來看，人類並不止來源於光音天、遍淨天，還有其餘天界。如《增一阿含經》卷四十云：

爾時，世尊告諸比丘：「有九眾生居處，是眾生所居之處。云何為九？或有眾生，若干種身，若干種想，所謂天及人也；或有眾生，若干種身一想，所謂梵迦夷天，最初出現也；或有眾生，一身若干想，所謂光音天也；或有眾生，一身一想，所謂遍淨天也；或有眾生無量空，所謂空處天也；或有眾生無量識，識處天也；或有眾生不用處，所謂不用處天也；或有眾生有想無想，有想無想處天也；諸所生之處名為九也。是謂，比丘！九眾生居處，群萌之類，曾居、已居、當居。是故，比丘！當求方便，離此九處。如是，諸比丘！當作是學。」〔註46〕

〔註45〕《佛說眾許摩訶帝經》卷一，法賢譯，《大正藏》第3冊，第932頁。
〔註46〕《增壹阿含經》卷四十，東晉罽賓三藏瞿曇僧伽提婆譯，《大正藏》第2冊，第764頁。

　　佛陀以「九眾生」為例說明了生命的不同界所和來源。「九眾生」即天、人、梵迦夷天、光音天、遍淨天、空處天、識處天、不用處天、有想無想處天。按照佛陀在經中所說，此九處均有生命在生存。而且佛陀還強調當求方便，不要執著於此九處。換言之，按照佛陀的觀點，生命其實遍生於各界各天，而各天各界均有生命來此人間，轉為人類。

五、生命生成並非單一因緣

　　上述內容闡述了生命在某一階段內的生成，例如情世間、器世間如何因念生成、人類生命從何而來。但顯然，禪宗所繼承的生命生成觀遠沒有如此簡單。此處強調兩方面的內容：

　　其一，人間生命並非單一來源於某個時空、法界。雖然禪宗談的最多的是從光音天、遍淨天等天界而來，眾生本來都是從高級生命體轉化，但顯然生命的來源遠不止這些維度。所謂的源於光音天、遍淨天，或其餘部州而來，均只是「無量劫」中的「一小劫」，也就是說只是無數維度、無數歲月中的某一段區間內的生命狀況。而這一區間，生命大抵是從低維度修行或往生到高維度，又從高維度墮居到人間，同時伴隨著所居世界的成住壞空。另外，人間也有四聖道眾生有意「轉世投胎」而來，四聖道眾生不生光音天、遍淨天等地的原因是「天上百由旬，遙聞臭氣甚於廁溷」〔註47〕，而往於人間則是為了度一切眾生。值得注意的是，佛教關於追溯這些根源的方式並不是如今的考古、進化論分析。以禪宗理論視野觀之，這些方式的運用只是針對某一劫或某一區間，而生命是全域性的，宏大的，是無量劫的，此劫、此區間之外還有其餘劫和區間。他們用的一般是證得般若，入甚深三昧大定，生命不受限制地往來十法界、無量劫，由此獲知、證明生命的緣生、存在、生滅等問題。

　　其二，生命的最初源頭是自生、化生與天然而有。生命構成種類繁多，但生命的最初無一例外都是因緣生成的，只不過所依賴的緣各不相同。也就是說，追溯能夠產生「一念」的生命從何而來，「光音天」生命從何而來，「遍淨天」生命從何而來，乃至其餘法界生命從何而來，無一例外的是從無量劫之前的某一些因緣中偶然而生、自生、化生，或是天然便是存在。如《白衣金幢二婆羅門緣起經》云：「若沙門、若婆羅門、若天魔梵，三界一切，悉是

〔註47〕〔梁〕僧旻、寶唱等：《經律異相》卷一，《大正藏》第53冊，第3頁。

我子，皆同一法，而無差別。正法口生，同一法種，從法所化，是真法子。」
〔註48〕一切眾生，都是同一法種，都是從法所化。至於其中原理，已無法再
進行追求，所以相應的解答是：「法爾如是，是法本來，最上最大，最極高勝。」
〔註49〕也就是說，最終極的生命之源頭就是自然如此、忽然如此、本來如此。

　　各種方式、觀念綜合起來，基本上可以瞭解禪宗的生命生成觀不是單一
的，而是多渠道、多因緣造成的。看待這一問題，不能用線性的思維去推演、
分析，而是要在禪宗宏大而全域的生命視野中去考量、證取。

第三節　禪宗的生命過程觀

　　禪宗對生命的關注尤其重視生、死兩個環節，原因是禪宗強調現有基礎上
的當下解脫。當然，禪宗對生命的闡述又是全過程的，包含了入胎、住胎、出
胎、成長、死亡、死後等種種環節，而且均有詳論。其中，有的觀點是從佛教
直接傳承而來的，有的則是禪宗自己創新生成的。此處直接從佛教的生命過程
觀切入展開梳理。

一、入胎到住胎

　　佛教自有一套關於入胎、住胎的理論。入胎者，一般有兩種：「中陰身」
受業力入胎；「無中陰身者」主動轉世投胎。

（一）「中陰身」受業力入胎

　　此處重點解說幾個核心問題：

　　其一，是何者入胎？從佛教的闡釋看，《大寶積經》卷五十六之《佛說入
胎藏會第十四之一》（亦被獨立稱為《佛為難陀所說入胎經》）云：

> 若父母染心共為淫愛，其母腹淨月期時至，中蘊現前，當知爾
> 時名入母胎。此中蘊形有其二種：一者形色端正，二者容貌醜陋。
> 地獄中有，容貌醜陋如燒杌木；傍生中有，其色如煙；餓鬼中有，
> 其色如水；人天中有，形如金色；色界中有，形色鮮白；無色界天
> 元無中有，以無色故。中蘊有情，或有二手二足、或四足多足、或
> 復無足，隨其先業應託生處，所感中有即如彼形。若天中有頭便向

〔註48〕《增壹阿含經》卷三十四，《大正藏》第 2 冊，第 373 頁。
〔註49〕《增壹阿含經》卷三十四，《大正藏》第 2 冊，第 373 頁。

上，人、傍生、鬼橫行而去，地獄中有頭直向下。凡諸中有皆具神通乘空而去，猶如天眼遠觀生處。言月期至者，謂納胎時。」〔註50〕

　　也就是說，人們所謂「投胎」「入胎」的主角是「中蘊」，即「中陰身」（中有）。佛教一般將死者意識脫離身體至投胎或解脫成就之間的「生命體」稱為「中陰身」。如引文所說，中陰身大致有兩種，一者形色端正，二者容貌醜陋。這是由生前業力所決定的。而且，在這一階段，種種生命如地獄中有、傍生中有、餓鬼中有、人天中有、色界中有（無色界天元無中有）之間根據自己的業力、特質尋找與自身相吸引的父母投胎，這也就意味著在這一階段，三界六道不同物種的輪迴是互通的。中陰身因其無色身，故均能空行飛騰，無距離、空間局限。有此種種便利，佛教也特別注重生命在這一階段的證悟解脫。意識體脫離身體後，因其業力所限制，或升揚解脫，或下沉輪轉。投胎一般也是「中陰身」的業力與「父母」的業力、頻道共振和同頻所促成。

　　在《中陰經》中，對此「中陰身」的特徵有一些描述：

　　　　此中陰形極為微細，唯佛、世尊獨能睹見，然此眾生有學、無學，一住、二住乃至九住，非彼境界所能覩見。

　　　　中陰眾生飲吸於風。

　　　　中陰眾生壽命七日。

　　　　中陰眾生面狀如化自在天。〔註51〕

　　據《中陰經》描述，中陰身已非有形色身，構成極為細微，乃由意識所凝結而成，唯有諸佛世尊境界者能看見。中陰身飲吸風為食，壽命僅有七日，面貌形象如化自在天。化自在天者，是欲界六天中的第五天，身常有光，面容姣好，壽命有8000歲，已無身色執著，但情執極重。中陰身只是「面狀」上與之相似，其餘不同。

　　其二，什麼情況下不能入胎？經文說：

　　　　云何不入？父精出時母精不出、母精出時父精不出、若俱不出，皆不受胎。若母不淨父淨、若父不淨母淨、若俱不淨，亦不受胎。若母陰處為風病所持，或有黃病痰癊、或有血氣胎結、或為肉增、或為服藥、或麥腹病蟻腰病，或產門如駝口、或中如多根樹、或如

〔註50〕《大寶積經》卷五十六，玄奘、菩提流志、義淨等譯，《大正藏》第11冊，第328頁。

〔註51〕《中陰經》卷上，後秦涼州沙門竺佛念譯，《大正藏》第12冊，第1059頁。

犁頭、或如車轅、或如藤條、或如樹葉、或如麥芒，或腹下深、或
有上深，或非胎器、或恒血出、或復水流，或如鴉口常開不合、或
上下四邊闊狹不等、或高下凹凸，或內有蟲食爛壞不淨，若母有此
過者並不受胎。或父母尊貴、中有卑賤，或中有尊貴、父母卑賤，
如此等類亦不成胎。若父母及中有俱是尊貴，若業不和合亦不成胎。
若其中有於前境處，無男女二愛，亦不受生。〔註52〕

言下之意，「中陰身」並非想投胎就能成功，諸多情況下並不能達成。經
文中列舉不能投胎的情況大致如下：父母一方不出精或雙方均無精；父母生殖
器官、系統有疾病；父母的貴賤和「中陰身」的貴賤不對等，業力對斥；父母
未發生歡愛交合。如此種種情況，中陰身無法投胎成功。換句話說，如無上述
情況，投胎便能夠實現。

其三，入胎時情形如何？經云：

云何中有得入母胎？若母腹淨，中有現前見為欲事，無如上說
眾多過患，父母及子有相感業，方入母胎。又彼中有欲入胎時心即
顛倒。若是男者，於母生愛、於父生憎。若是女者，於父生愛、於
母生憎。於過去生所造諸業而起妄想作邪解心，生寒冷想、大風大
雨及雲霧想，或聞大眾鬧聲。作此想已，隨業優劣復起十種虛妄之
想。云何為十？我今入宅、我欲登樓、我升臺殿、我升床座、我入
草庵、我入葉舍、我入草叢、我入林內、我入牆孔、我入籬間。難
陀！其時中有作此念已，即入母胎。應知受生名羯羅藍，父精母血
非是餘物，由父母精血和合因緣，為識所緣依止而住。譬如依酪瓶
鑽人功，動轉不已得有酥出，異此不生。當知父母不淨精血，羯羅
藍身亦復如是。〔註53〕

如果母體不在經期，又沒有前述各種情形，「中陰身」和父母交相感應，
便入母體。而且，經書對入胎之時的「中陰身」情況作了詳細描述：「中陰
身」不分男女，投胎之前，心會顛倒。一般而言，於母生愛則投為男，會厭
惡父親；於父生愛則投為女，會厭惡母親。其餘還會產生更多的顛倒想：首
先是感到陰寒雜亂，由於業識種子積累，絕大多數「中陰身」會出現寒冷感

〔註52〕《大寶積經》卷五十六，玄奘、菩提流志、義淨等譯，《大正藏》第11冊，第
328頁。
〔註53〕《大寶積經》卷五十六，玄奘、菩提流志、義淨等譯，《大正藏》第11冊，第
328頁。

受、大風大雨及雲霧想，或聞大眾鬧聲。然後，隨著業力，會生起今入宅、欲登樓、升臺殿、升床座、入草庵、入業舍、入草叢、入林內、入牆孔、入籬間等十種虛妄之相。這十種虛妄業識想是「中陰身」想要迫切投胎，以尋找安穩棲居地的表現和促引。

之後，「中陰身」便投入父母交合後的精子、卵子合體中。繼而受生、凝聚成「羯羅藍」。為識所緣，依止而住，入胎者開始將受精卵當做自己，初成胞胎。

其四，住胎之期的細節如何？入胎之後，按照經書的記敘，歷經三十八周：「如是應知，凡入胎者，大數言之有三十八七日。」〔註 54〕「三十八七日」即三十八個「七日」（三十八周）。其中細節，茲從《大寶積經》中摘錄如下：

> 初七日時胎居母腹，如攊如癰，臥在糞穢如處鍋中，身根及識同居一處，壯熱煎熬極受辛苦，名羯羅藍。狀如粥汁或如酪漿，於七日中內熱煎煮，地界堅性、水界濕性、火界暖性、風界動性方始現前。

> 第二七日胎居母腹，臥在糞穢如處鍋中，身根及識同居一處，壯熱煎熬極受辛苦。於母腹中有風自起，名為遍觸，從先業生，觸彼胎時名頞部陀。狀如稠酪、或如凝酥，於七日中內熱煎煮，四界現前。

> 第三七日廣說如前。於母腹中有風，名刀鞘口，從先業生，觸彼胎時名曰閉尸。狀如鐵箸、或如蚯蚓，於七日中四界現前。

> 第四七日廣說如前。於母腹中有風，名為內門，從先業生。吹擊胎箭，名為健南。狀如鞋楺、或如溫石，於七日中四界現前。

> 第五七日廣說如前。於母腹中有風，名曰攝持。此風觸胎有五相現，所謂兩臂、兩腿及頭。譬如春時天降甘雨，樹林欝茂增長枝條。此亦如是，五相顯現。

> 第六七日，於母腹中有風，名曰廣大。此風觸胎有四相現，謂兩肘、兩膝。如春降雨，萇草生枝。此亦如是，四相顯現。

> 第七七日，於母腹中有風，名為旋轉。此風觸胎有四相現，謂

〔註54〕《大寶積經》卷五十六，玄奘、菩提流志、義淨等譯，《大正藏》第 11 冊，第329 頁。

兩手、兩腳。猶如聚沫、或如水苔，有此四相。

第八七日，於母腹中有風，名曰翻轉。此風觸胎有二十相現，謂手足十指從此初出。猶如新雨，樹根始生。

第九七日，於母腹中有風，名曰分散。此風觸胎有九種相現，謂二眼、二耳、二鼻並口，及下二穴。

第十七日，於母腹中有風，名曰堅鞕，令胎堅實。即此七日於母胎中，有風名曰普門。此風吹脹胎藏，猶如浮囊以氣吹滿。

第十一七日，於母胎中有風，名曰踈通。此風觸胎令胎通徹，有九孔現。若母行立坐臥作事業時，彼風旋轉虛通漸令孔大。若風向上，上孔便開；若向下時，即通下穴。譬如鍛師及彼弟子以橐扇時上下通氣，風作事已即便隱滅。

第十二七日，於母腹中有風，名曰曲口。此風吹胎，於左右邊作大小腸猶如藕絲，如是依身交絡而住。即此七日，復有風名曰穿發，於彼胎內作一百三十節無有增減，復由風力作百一禁處。

第十三七日，於母腹中，以前風力知有饑渴，母飲食時所有滋味，從臍而入藉以資身。

第十四七日，於母腹中有風，名曰線口。其風令胎生一千筋：身前有二百五十，身後有二百五十，右邊二百五十，左邊二百五十。

第十五七日，於母腹中有風，名曰蓮花。能與胎子作二十種脈，吸諸滋味；身前有五，身後有五，右邊有五，左邊有五。其脈有種種名及種種色，或名伴、或名力、或名勢。色有青黃赤白、豆蘇油酪等色，更有多色共相和雜。

第十六七日，於母腹中有風，名曰甘露行。此風能為方便，安置胎子二眼處所。如是兩耳兩鼻口咽胸臆，令食入得停貯之處，能令通過出入氣息。譬如陶師及彼弟子取好泥團安在輪上，隨其器物形勢安布令無差舛。此由業風能作如是，於眼等處隨勢安布，乃至能令通過出入氣息亦無爽失。

第十七七日，於母腹中有風，名曰毛拂口。此風能於胎子眼耳鼻口咽喉胸臆食入之處，令其滑澤，通出入氣息安置處所。譬如巧匠若彼男女，取塵翳鏡以油及灰，或以細土揩拭令淨。此由業風能作如是，安布處所無有障礙。

第十八七日，於母腹中有風，名曰無垢。能令胎子六處清淨，如日月輪大雲覆蔽，猛風忽起吹雲四散，光輪清淨。難陀！此業風力，令其胎子六根清淨，亦復如是。

第十九七日，於母腹內令其胎子成就四根：眼、耳、鼻、舌。入母腹時先得三根，謂身、命、意。

第二十七日，於母腹中有風，名曰堅固。此風依胎左腳生指節二十骨，右腳亦生二十骨，足跟四骨，髀有二骨，膝有二骨，脛有二骨，腰髁有三骨，脊有十八骨，脅有二十四骨。復依左手生指節二十骨，復依右手亦生二十。腕有二骨，臂有四骨，胸有七骨，肩有七骨，項有四骨，頷有二骨，齒有三十二骨，髑髏四骨。

第二十一七日，於母腹中有風，名曰生起。能令胎子身上生肉。譬如泥師先好調泥泥於牆壁。此風生肉亦復如是。

第二十二七日，於母腹中有風，名曰浮流。此風能令胎子生血。

第二十三七日，於母腹內有風，名曰淨持。此風能令胎子生皮。

第二十四七日，於母腹中有風，名曰滋漫。此風能令胎子皮膚光悅。

第二十五七日，於母腹中有風，名曰持城。此風能令胎子血肉滋潤。

第二十六七日，於母腹中有風，名曰生成。能令胎子身生髮毛爪甲，此皆一一共脈相連。

第二十七七日，於母腹中有風，名曰曲藥。此風能令胎子髮毛爪甲悉皆成就。

第二十八七日，於母腹中，胎子便生八種顛倒之想。云何為八？所謂屋想、乘想、園想、樓閣想、樹林想、床座想、河想、池想，實無此境妄生分別。

第二十九七日，於母腹中有風，名曰花條。此風能吹胎子，令其形色鮮白淨潔。或由業力令色黧黑、或復青色，更有種種雜類顏色。或令乾燥無有滋潤，白光黑光隨色而出。

第三十七日，於母腹中有風，名曰鐵口。此風能吹胎子髮毛爪甲令得生長，白黑諸光皆隨業現，如上所說。

第三十一七日，於母腹中胎子漸大。如是三十二七、三十三七、

三十四七日已來，增長廣大。

第三十五七日，子於母腹支體具足。

第三十六七日，其子不樂住母腹中。

第三十七七日，於母腹中，胎子便生三種不顛倒想，所謂不淨想、臭穢想、黑暗想，依一分說。

第三十八七日，於母腹中有風，名曰藍花。此風能令胎子轉身向下，長舒兩臂趣向產門。次復有風名曰趣下，由業力故風吹胎子，令頭向下雙腳向上將出產門。〔註55〕

《大寶積經》卷五十六的《佛說入胎藏會》（《佛為難陀所說入胎經》）對胎兒形成後三十八周中的變化說得甚為清楚詳細。上文所錄並非原文全部，而只是摘取主要細節，以作參考。從最初的受精、入胎、成胎，每一周胎兒形體上的變化，乃至於胎兒的觸受方面都談得非常詳盡。直至第三十八周（266天，約符合十月懷胎），胎兒已經長成，面臨出胎。

具體到禪門，對投胎的描述幾乎未見如此精詳者，大多只是表明受業力左右而入胎的基本觀念。如《祖庭事苑》卷三所載「三生石上舊精魂」的故事可作為參考：

洛京慧林寺，故光祿卿李憕居第。祿山陷東都，憕以居守，死之。子源少時以貴遊於豪侈、善歌聞於時。及憕死，悲憤自誓。不住、不娶、不食肉。居寺中五十餘年。

寺有僧圓澤，富而知音。源與之遊甚密，促交語竟日，人莫能測。一日，相約蜀青城峨嵋山。源欲自荊州泝峽，澤欲取長安斜谷路。源不可，曰：「吾以絕世事，豈可複道京師哉！」澤默然，久之曰：「行止固不由人。」遂自荊州路。

舟次南浦，見婦人錦襠負甖而汲者，澤望而泣曰：「吾不欲由此者，為是也。」源驚問之。澤曰：「婦人姓王氏，吾當為之子，孕三歲矣。吾不來，故不得乳。今既見，無可逃者，公當以符呪助我速生。三日浴兒時，願公臨，我以一笑為信。後十二年中秋月夜，杭州天竺外當與公相見。」源悲悔而為具沐浴、易服。至暮，澤亡。而婦乳三日，往視之，兒見源果笑。具以語王氏，氏以家財葬澤山

下。源遂不果行，返寺中。問其徒，則既有命矣。

　　後十二年，自洛適吳赴其約。至所約，聞葛洪川畔有牧童扣牛角而歌曰：「三生石上舊精魂，賞月臨風莫要論。慚愧情人遠相訪，此身雖異性長存。」呼問：「澤公健否？」答曰：「李公真信士。然俗緣未盡，慎勿相近。唯勤修不墜，乃復相見。」又歌曰：「身前身後事茫茫，欲話因緣恐斷腸。吳越山川尋已徧，卻回煙棹上瞿塘。」遂去，不云所之。後二年，李德裕奏源忠臣子篤孝，拜諫議大夫。不就，死寺中，年八十矣。〔註56〕

　　這一故事在禪宗史上非常有名。大致情節是安史之亂後，李源居慧林寺五十年，與寺中僧人圓澤有數十年情誼。後二人相約赴青城山、峨眉山。未料二人在行程路線上產生了歧義。李源堅持從荊州走水路，圓澤則欲從長安走斜谷路。李源堅持己見，而圓澤最終妥協。二人到了南浦，看到王氏婦女在水邊取水。圓澤悲從中來，告訴李源這就是不願走水路的原因。原來，圓澤已經知曉王氏婦女懷孕三年，遲遲未產，皆因等候圓澤投胎。但圓澤牽絆李源，又加上不願被業力所拘投胎，故不願走水路。如今既走水路遇到王氏，便已無處可逃，只能投生王氏。遂讓李源以符咒助力自己入胎，且相約三日後王氏浴兒時向李源一笑為證，而後十二年再與李源在杭州天竺寺外相見。李源至此才知曉圓澤不願走水路的原因，悲傷自責，為圓澤沐浴更衣，頃刻圓澤亡去，入胎王氏。王氏浴兒時，李源果然見嬰兒對自己一笑為憑。葬圓澤於山下後，李源無心再往青城峨眉，遂返回寺中。問圓澤弟子，也明瞭了這是圓澤的命數。十二年後，李源赴與圓澤杭州天竺寺之約。在葛洪川畔，聽見牧童吟唱「三生石上舊精魂，賞月臨風莫要論。慚愧情人遠相訪，此身雖異性長存」，原來牧童即圓澤轉世。牧童直接向李源說明身份，兩人以前盟對答。牧童不願近身相見相敘，只告訴李源須繼續勤修，免墮落輪轉後再復相見。

　　對此故事，讚許二人深厚情誼者居多。其中明顯融入了民間信仰元素——胎成之時神識始入胎。這也是當時禪宗中土化、民間化的體現。佛教所指，父母交合之時，「中陰」便已入胎，凝成「羯羅藍」之最初生命體。不過，此故事依然較能代表禪宗的投胎觀念。一是說明了禪宗持「三世因果」觀；二是入胎與否、入何種胎以業力為準。僧圓澤修行未得超脫輪轉，注定必然與

〔註56〕〔宋〕睦庵善卿：《祖庭事苑》卷三，《卍新續藏》第 64 冊，第 354 頁。

王氏業力相共，入胎王氏。但圓澤不願受輪迴之苦，還想抵抗掙扎，逃避入胎。不過修行如此，入胎與否已不以自心為轉移。最後只能妥協，入胎轉世為人後，再繼續修行解脫。

（二）「無中陰身者」自主轉世入胎

還有一類「非中陰身」入胎者。即高維生命或覺者為度眾生而主動入胎輪迴，轉為人身。這和「中陰身」投胎是有區別的。「中陰身」投胎是不得已，受業力限制；而「無中陰身者」（無色界以上便無「中陰身」）投胎是自主行為，在佛教的觀念中則已是為度眾生而入胎。如《悲華經》卷六即有寶海梵志發願入胎轉世度眾生的相關描述：

> 世尊！願我爾時從兜術天下生最勝轉輪王家，若自在王家，處在第一大夫人胎，為諸眾生調伏其心，修善根故。尋入胎時，放大光明，其光微妙遍照娑婆世界，從金剛際上至阿迦尼吒天，令彼所有諸眾生等，若在地獄、若在畜生、若在餓鬼、若在天上、若在人中、若有色、若無色、若有想、若無想、若非有想、若非無想，悉願見我微妙光明，若光觸身亦願得知。以見知光故，悉得分別生死過患，勤求無上寂滅涅槃，乃至一念斷諸煩惱，是名令諸眾生初種涅槃之根栽也。願我處胎於十月中，得選擇一切法、入一切法門，所謂無生空三昧門，於未來世無量劫中說此三昧，善決定心不可得盡。若我出胎成阿耨多羅三藐三菩提已，彼諸眾生，我當拔出令離生死，如是等眾悉令見我。〔註57〕

這是《悲華經》卷第六《諸菩薩本授記品第四》中，寶海梵志向佛陀問道，佛陀為之授記，而後寶海梵志發願從「兜率天」下生世間轉輪聖王家、自在王家第一夫人為母，身份高貴，目的是為諸眾生調伏其心，修善根。入胎之時就大放光明，照遍娑婆，令一切眾生如地獄、畜生、餓鬼、諸天、人、有色、無色、有想、無想、非有想、非無想，均可得見其微妙光明，從而勤求寂滅涅槃，斷一切煩惱。並且，發願自己出胎長成後得成正等正覺，度一切眾生出離生死。

這無疑就是「覺者入胎」的案例。而佛教最著名的「覺者入胎」，當屬護明菩薩投胎轉為釋迦太子。《佛本行集經》卷七云：

〔註57〕《悲華經》卷六，北涼天竺三藏曇無讖譯，《大正藏》第 3 冊，第 207 頁。

　　爾時，護明菩薩大士於夜下生，當欲降神入於摩耶夫人胎時，
時彼摩耶當其夜白淨飯王言：「大王！當知，我從今夜，欲受八禁清
淨齋戒，所謂不殺生，不偷盜，不淫逸，不妄語，不兩舌，不惡口，
不無義語。又願，不貪，不瞋恚，不愚癡，不生邪見。我當正見，諸
如是等禁戒齋法，我當受持。我今繫念，恒常懃行，於諸眾生，當
起慈心。」時，淨飯王即報摩耶大夫人言：「如夫人心，所愛樂者，
隨意而行；我今亦捨國王之位，隨汝所行。」而有偈說：「王見菩薩
母，從座恭敬起。如母如姊妹，心不行欲想。」

　　時，護明菩薩一心正念，從兜率下，託淨飯王最大夫人摩耶右
脅，安庠而入。護明菩薩正念正知，從兜率下入母胎時，是時天人
魔梵、沙門婆羅門等，一切世間光明普照，復世界外黑闇之處，日
月如是，有大勢力、有大威神，如是幽隱光明不照，德不能及此菩
薩光，悉能達照。〔註58〕

這是護明菩薩投胎摩耶夫人之始末。摩耶夫人先進行清淨齋戒、行持正
見、生起慈心等，而淨飯王也作出相應的配合。從其內涵來說，就是清淨身心，
呈現與護明菩薩入胎對應的境界。而後，護明菩薩一心正念，由兜率天下生，
從摩耶夫人的右脅安詳入胎。與諸「中陰身」入胎不同的是，護明菩薩作為覺
者，能夠清淨安詳、正知正念、放大光明。

經典中對各種瑞祥做了諸多描述，以突出護明菩薩投胎的殊勝以及預示
未來佛陀的大成就。各部經典幾乎都這樣記錄：

　　又復菩薩兜率下時，右脅入胎，自餘眾生，從產門入。佛得成
道，為諸眾生，說清淨法，回邪入正，此是於先示現瑞相。菩薩正
念，從兜率下，託淨飯王第一大妃摩耶夫人右脅住已。是時大妃，
於睡眠中，夢見有一六牙白象，其頭朱色，七支拄地，以金裝牙，
乘空而下，入於右脅。〔註59〕

不同於其餘眾生從產門入胎，護明菩薩入胎是殊勝之相，從摩耶夫人「右
脅」入。從宗教價值觀上理解，這是為了體現護明菩薩的聖潔殊勝。而且，護
明菩薩入胎、住胎之後，摩耶夫人也夢見一六牙白象，其頭朱色，七支拄地，
以金裝牙，乘空而下，入於右脅。護明菩薩住胎狀態也與「中陰身」入胎存在

〔註58〕《佛本行集經》卷七，隋天竺三藏闍那崛多譯，《大正藏》第3冊，第682頁。
〔註59〕《佛本行集經》卷七，隋天竺三藏闍那崛多譯，《大正藏》第3冊，第683頁。

質的差別：

> 菩薩在胎，不驚不怖，得大無畏，惡物不染，所有不淨，涕唾
> 膿血，黃白痰癊，不能穢污。自餘眾生，在母胎時，種種不淨。如
> 琉璃寶，以天衣裹，置不淨處，亦不染污；如是如是，菩薩在胎，
> 一切不淨不污不染，此是菩薩未曾有法。如來得成於佛道已，於一
> 切法不染不著，此是往昔於先瑞相。〔註60〕

由於護明菩薩是成就者入胎，故而自身具有聖潔性、智慧性、無量功德，故而，在母體之內是安住的。即引文所謂：「菩薩在胎，一切不淨不污不染，此是菩薩未曾有法。如來得成於佛道已，於一切法不染不著，此是往昔於先瑞相。」而且，護明菩薩住胎於母體之後，摩耶夫人也展現出諸多殊勝瑞相。例如：

> 其菩薩母，受大快樂，身不疲乏。
>
> 母受禁戒，心常奉持戒行而行。
>
> 其母不生欲染之想，不為慾火之所惱亂，時菩薩母，恒行梵行。
>
> 其菩薩母，不貪異味。
>
> 其菩薩母，志習庶幾，樂憙行檀。其意樂行於布施，心意開解，
> 居自家內。
>
> 其菩薩母，常行慈悲，能於一切諸眾生邊，但是有識有命之類，
> 悉皆愍念。
>
> 其菩薩母，恒於一切諸眾生邊，作大利益安樂之心。
>
> 其菩薩母，如前端政，種種相貌，悉皆可喜。
>
> 其母欲觀於菩薩時，即見菩薩在於胎中，身體洪滿，諸根具足。
>
> 其菩薩母，所見眾生，若男若女，被鬼所持，若得見於菩薩母
> 者，一切魍魎，一切鬼神，皆悉遠離，還得本心。〔註61〕

總之，菩薩的母體會帶有諸多瑞相，展現出入胎菩薩的境界及慧力。其基本原理是，首先，只有身心清淨、功德福德足夠的父母才能夠感召覺者的入胎；其次，覺者的入胎又會促進母體的清淨功德，顯現種種瑞相。

而禪宗也將其接受為宗門內觀念。只不過禪宗很少詳細描述，只在宏觀上表達生命的入胎出胎。這一方面，禪宗也有一些案例。例如「栽松道人」轉世為五祖弘忍的故事：

〔註60〕《佛本行集經》卷七，隋天竺三藏闍那崛多譯，《大正藏》第 3 冊，第 684 頁。
〔註61〕《佛本行集經》卷七，隋天竺三藏闍那崛多譯，《大正藏》第 3 冊，第 684 頁。

　　　　四祖信禪師居破頭山，有老僧號栽松道者，請曰：「法道可得聞
　　乎？」祖曰：「汝老矣，使有所聞何能廣化？能再來，吾尚可待。」
　　乃去，行水邊，見周氏女浣衣，揖求寄宿。歸而孕，父母逐之。日
　　庸紡里中，夕宿眾館，及生一子，棄水中。明日，見泝流而上，氣
　　盛體潔，遂舉之。常隨母乞食，見四祖於黃梅道中。祖語其母，令
　　出家，是為弘忍禪師。嗣居東山，大行其道。〔註62〕

　　此內容記述禪宗第五祖前世投胎之事。某天，栽松道人找到禪宗第四祖道
信求道。但道信回答，你已經太老了，即使能聞道見性，又如何能廣興教化度
人。如果你能轉世再來，就傳法與你。栽松道人聽後離開，到了水邊，看到周
氏女在洗衣，便行禮借宿，實是徵求周氏女借腹入胎。周氏女不知所以，遂同
意了。不久後，周氏女便懷孕。在當時，未婚而孕是為醜事，於是周氏女被父
母逐出家門。周氏女只好在坊間替人紡織，流浪借宿。後生下一子，周氏女仇
恨此子累及自身聲名生活，遂丟棄水溝中。最終不放心再去看，只見棄嬰漂在
水面，順流而上，有潔淨氤氳之氣圍繞，不染污濁。於是周氏女重新抱回嬰孩，
帶領著乞食養大。後道信見此孩童，化其出家，培養成為第五祖弘忍。這是栽
松道人轉世為弘忍的故事，雖然在今天看來不可思議，但代表了禪宗的「修行
者」轉世觀念。覺者或有所修行者入胎轉世，必然伴隨著災難或瑞相，以示未
來必將成就。

　　上述「中陰身入胎」和「覺者入胎」是兩種不同的風格描述。對於「中陰
身入胎」者，屬於寫實類；對於「無中陰身者」入胎，則是詩意化描繪。禪宗
雖然很少論及入胎細節，但在入胎的理論和事例方面大量繼承印度佛教、中國
佛教所說，體現著整體上的佛教入胎原理和基本理念。

二、出胎到成長

　　這一過程，實際上就是一般所認為的從生到死之生命過程。關於出胎，
《大寶積經》卷五十六之《佛說入胎藏會第十四之一》中說：

　　　　第三十八七日，於母腹中有風，名曰藍花。此風能令胎子轉身
　　向下，長舒兩臂趣向產門。次復有風名曰趣下，由業力故風吹胎子，
　　令頭向下雙腳向上將出產門。難陀！若彼胎子於前身中造眾惡業並
　　墮人胎，由此因緣將欲出時，手腳橫亂不能轉側，便於母腹以取命

〔註62〕〔宋〕志磐：《佛祖統紀》卷三十九，《大正藏》第 49 冊，第 366 頁。

終。時有智慧女人或善醫者，以暖蘇油或榆皮汁及餘滑物塗其手上，即以中指夾薄刀子利若鋒芒。內如糞廁黑闇臭穢可惡坑中，有無量千蟲恒所居止，臭汁常流精血腐爛深可厭患，薄皮覆蓋惡業身瘡。於斯穢處，推手令入，以利刀子臠割兒身片片抽出。其母由斯受不稱意極痛辛苦，因此命終；設復得存與死無異。難陀！若彼胎子善業所感，假令顛倒不損其母，安隱生出不受辛苦。難陀！若是尋常無此厄者，至三十八七日將欲產時，母受大苦性命幾死方得出胎。難陀！汝可審觀，當求出離。〔註63〕

在第三十八周，胎兒長成後，就面臨著出胎。如果是生前造惡業者，受業力影響，出胎時會有種種難產、死嬰等情況，如果「時有智慧女人或善醫者」，相當於所謂的「產婆」或醫生，以種種經驗技術幫助胎兒出世，情況會有所改觀，但還是會出現母體難產死亡的情況。如果是胎兒、母親此前有善業，那麼母嬰就能夠順產平安。如果是一般平常者，母體也會受到諸多磨難，胎兒才順利產出。

當然，產子本身就是一個非常痛苦的過程，只不過由於某些出胎是「覺者」出胎，故而會伴隨著諸多瑞相、殊勝描繪。如釋迦牟尼太子的出胎：

爾時，菩薩見於其母摩耶夫人，立地以手攀樹枝時，在胎正念，從座而起。自餘一切諸眾生母，欲生子時，身體遍痛，以痛因緣，受大苦惱，數坐數起，不能自安。其菩薩母，熙怡坦然，安靜歡喜，身受大樂。是時摩耶立地以手執波羅叉樹枝訖已，即生菩薩，此是菩薩希奇之事，未曾有法。如來得成於佛道已，無乏無疲，不勞不惓，能拔一切煩惱諸根，割斷一切諸煩惱結，猶如截於多羅樹頭，畢竟不生，無相無形，無後生法，此是如來往先瑞相。

又復一切諸眾生等，生苦逼故，在於胎內，處處移動。菩薩不然，從右脅入，還住右脅，在於胎內不曾移動，及欲出時，從右脅生，不為眾苦之所逼切，是故菩薩此事希奇，未曾有法。如來得成於佛道已，盡其後際，修行梵行，永無有畏，常得快樂，無復諸苦，此是如來往先瑞相。

菩薩初從母胎右脅正念生時，放大光明，實時一切諸天及人、

〔註63〕《大寶積經》卷五十六，玄奘、菩提流志、義淨等譯，《大正藏》第 11 冊，第 330 頁。

　　魔梵沙門婆羅門等，一切世間，悉皆遍照，乃至各各共相謂言：「云
何此處，忽有眾生？」此是菩薩希奇之事，未曾有法。如來得成於
佛道已，裂破無明黑闇之網，能出明淨大智慧光，此是如來往先瑞
相。〔註64〕

　　這是護明菩薩出胎轉為太子的細節，是以「菩薩」的身份從摩耶夫人右脅
生出，而且放大光明。一切諸天及人、魔梵沙門婆羅門等均知曉此事並奔走相
告，意味著度一切眾生的佛陀已經轉世於此娑婆世間。其中當然也有極其詩意
化、神異化的出胎，這應該是信徒信仰式的描繪。但在佛教的觀念中，覺者轉
世，當然伴隨著種種殊勝相。

　　具體到禪宗，雖也會描述某某禪師出胎時候的種種瑞相，但大多是簡略
而言。這與禪宗尤其注重生長過程中的頓悟直了觀念有關，而且也不拘執於
過去將來，只在當下修行解脫。故而，對此往往又理性現實得多。或者更多
的是在參究入胎、出胎、成長之實質，以此為參修解脫的入手點。如《舒州
龍門佛眼和尚語錄》云：

　　我今問你一件事：初入母胎時將得什麼物來？你來時並無一物，
秪有個心識，又無形無兒，及至死時，棄此五蘊篋子，亦無一物，
秪有個心識，如今行腳入眾中者，個是主宰也，如今問你：受父母
氣分精血執受，名為我身，始於出胎，漸漸長成此身，皆屬我也，
且道屬你不屬你？若道屬你，初入胎時並不將一物來，此個父母精
血幾時屬你？又秪合長在百年依舊拋卻死屍，又何曾屬你？若言不
屬，見今一步也少不得，罵時解嗔，痛時能忍，作麼生不屬你，得
試定省看，道是有是無？管取分踈不下，蓋為疑根，不斷道有來，
初生時漸長至三歲五歲乃至二十時，決定不移，到四十五十而此身
念念遷謝，念念無常，決定喚作有，不得道無來，種種運為皆解作
得，道無且不得。〔註65〕

　　這一過程，禪宗強調完成的是生命的健康、修行和價值實現。禪宗不太注
重出生之後的殊勝高貴與否，而重在以此為契機、對象展開參修。如清代超溟
《萬法歸心錄》中說：

〔註64〕　《悲華經》卷六，《大正藏》第 3 冊，第 686 頁。
〔註65〕　〔清〕清遠：《舒州龍門佛眼和尚語錄》，《國家圖書館善本佛典》第 48 冊，第
　　　　　104 頁。

如上開示不能了悟，反覓空花生滅，可謂愚昧之甚。皆因最初
不守自性，一念妄動，故繫胎獄，生生固執，定在身內。〔註66〕

言下之意，不能了悟，反而只執著於空花生滅，這是愚昧的表現。究其原因，乃在於最初不守自性，不見自性，妄念心動，只能入胎，再受輪轉之苦。

總體的佛教一般對出胎的細節描述得非常詳細，而具體到禪宗雖然也繼承了這些觀念，但往往更注重以成長之生命精勤修道見性，在此期間當下見性解脫，了此三際因果之苦。

三、死亡及其後

禪宗眼中的死亡，並不是生命的終結，而是另一種「重生」。死亡之後，「生命」一般有幾種重生結局，此處略說：其一，修有所成，見性解脫，自此不入輪迴。除非是為再入世間以度眾生為務，故會以「修行者」「覺者入胎」的形式成為「再來人」。其二，在「中陰身」階段或解脫、或輪迴。在禪宗體系中，「中陰身」階段極其重要，若修有略成，中陰階段能夠自性清明，便會自動成就解脫；或在此階段有明師引導，轉而證見自性，解脫成就。另一種結局，便是中陰階段迷濛無明，受業力牽引，再次入胎為人，以新的生命階段再次輪轉。其三，墮入惡道。由於生前業惑罪惡過多，死後只能與畜生道、地獄道、餓鬼道相契吸引，從而輪迴三惡道。總之，禪宗繼承佛教的生命過程觀，持續描述並實證著生命的生生不息與綿延流轉。

第四節　禪宗的生命結構觀

禪宗對生命結構的闡述有其獨特的視角理路。宏觀上看，生命就是「五蘊」和合而生，展開則為「三科」，即五蘊、十二入、十八界。具體而言，則又多維立體，可細分為多種層面。下文從其主要結構類分進行梳理。

一、以六根為媒介的「十八界」結構

禪宗對「三科」的解說非常詳盡，《壇經》載：

三科法門者，陰界入也。陰是五陰，色、受、想、行、識是也。
入是十二入，外六塵色、聲、香、味、觸、法。內六門眼、耳、鼻、
舌、身、意是也。界是十八界、六塵、六門、六識是也。自性能含萬

〔註66〕〔清〕超溟：《萬法歸心錄》卷中，《卍新續藏》第65冊，第410頁。

法，名含藏識。若起思量，即是轉識，生六識，出六門，見六塵。如
是一十八界，皆從自性起用。自性若邪，起十八邪。自性若正，起十
八正。若惡用即眾生用，善用即佛用。用由何等，由自性有。〔註67〕

「三科」本是佛教用以解說生命現象如何「真」或「幻」的，但同時卻表
達出了一種獨特的生命結構。禪宗對此繼承和運用較為深廣。

「十八界」亦稱「十八持」，是「六塵」「六門」「六識」的合稱。

「六塵」即外在的色、聲、香、味、觸、法之六境。

「六門」亦稱「六根」，即眼根、耳根、鼻根、舌根、身根、意根，包含感
官及其觸受功能。是生命認識外境「六塵」並將信息輸送給「六識」的媒介。

「六識」即眼識、耳識、鼻識、舌識、身識、意識，乃感官「六根」對
外境「六塵」所生之判斷與揀擇。「六識」有理性意識的成分，但很大程度
上已經深入含藏識中的業力牽引、心識判別，受業種影響。

其中，「六塵」「六門」又合稱為「十二入」，或「十二處」，指生命獲取信
息的十二所依、十二所入。此「十二入」直接促成「六識」的對外判斷，而判
斷的結果，則由含藏識中的經驗、業識所取捨決定。

「十八界」是一個橫向的「內六識—中六根—外六塵」結構，包含一切
法。在禪宗看來，生命並不僅僅是個體獨立存在，而是「六門」攝入「六塵」，
經由「六識」起分別揀擇而形成的綜合體。如果含藏識中的「六識」業心運
作，便起「邪念」，從而決定「六門」，「六門」便以染心認知「六塵」，如此
「十八界」便成為「十八邪」；但如果是自性啟用，覺照、總攝此「十八界」，
就是自性妙用，便形成「十八正」。

故而，「十八界」實際上是一個以「六根」作為信息出入渠道、媒介的生
命結構，本質上是「五蘊」的細化。當然，通過上述梳理也可看出，「六根」
背後，還有兩個起關鍵作用的深層存在：一為含藏識中的業識染心，二為清淨
自性。此二者誰起作用，「十八界」就成為相應性質。換言之，不見自性，即
是含藏識業力造作、掌控生命；既見自性，則是清淨心運作，脫離愚迷雜染。
也因如此，禪宗才極力推舉見性解脫。

二、以無明為業因的「十二支」結構

「十二支」即「十二因緣」，亦稱「十二有支」「十二緣起支」「十二緣

〔註67〕〔唐〕惠能：《壇經》，《大正藏》第48冊，第360頁。

生」，謂無明、行、識、名色、六入、觸、受、愛、取、有、生、老死。十二因緣是佛教因果論、緣起論、迷失論等方面最直接而深刻的總說，主要用以揭示三世兩重因果、因緣生滅、內心迷悟等原理和實質。同樣也成為禪宗的重要理論。《長阿含經》卷十之《大緣方便經》云：

> 緣癡有行，緣行有識，緣識有名色，緣名色有六入，緣六入有觸，緣觸有受，緣受有愛，緣愛有取，緣取有有，緣有有生，緣生有老、死、憂、悲、苦惱大患所集，是為此大苦因緣。〔註68〕

其基本框架為：無明緣行，行緣識，識緣名色，名色緣六入，六入緣觸，觸緣受，受緣愛，愛緣取，取緣有，有緣生，生緣老死。「緣」是緣生、生發、導致等含義。佛教認為一切事物均處於因果聯繫中，依賴一定的因緣而生滅。「十二因緣」就是這一因果鏈條中的十二個環節。其含義如下。

無明：就是不明、愚昧、迷失。這是一切煩惱和痛苦的根源、業因，決定著人一切言行舉止的產生。此「十二支」即從「無明」而有，一旦「無明」斷絕，證得自性智慧，此「十二支」的環環相扣、環環相拘即刻被截斷、解構。

行：指一切行為，包括心行、言行。此處其實是指由無明而導致的業行、愚迷所為。這些行止，又產生了相應的業識積累。

識：心識、業識，形成心靈的固定堆積，導致人只會按照這種軌道、視角去認識世界，發生行為，所以就必然只會局限於「名色」。

名色：指一切外在物相、名稱以及內心的固化觀念。這種結果由「業識」所導致，又決定著如何去運作「六根」。

六入：即決定眼耳鼻舌身意運作的「六根」、官能。這種取捨、選擇由已經堆積起來而實存的「名色」慣性力決定，而且決定了各種感官會與什麼樣的外物發生聯繫。

觸：即接觸。由六入決定而與一定的外界和合，揀擇自己需要的信息，因此又決定著人必將產生特定的感受、反應。

受：即領受，是接觸之後的特定感受。這種感受會決定生命對一切物相的好惡判斷、是非選擇。這就形成了所謂的「貪愛與執著」。

愛：即貪愛，更準確的理解其實是「貪執」。「貪執」不但包含喜歡，而且厭惡也是一種貪愛執持。心生貪執。必然又會形成內外揀擇、逐求。所以

〔註68〕《長阿含經》卷十之《大緣方便經》，《大正藏》第1冊，第60頁。

就形成了「取」的心念和行為。

取：即妄取、追取。這種追逐、執求是處在「貪」業之下的不合理選擇。故而必然又會導致人心執著於所見所感之「有」。

有：即存在，並不單指客觀存在，而是指由自心取捨之業力執著出來的實存，包含外在實存和內心執持出來的「認為」。一切有因有果，由於被束縛於有、因果，故而必然只會「受生」，形成因緣相依的受報。

生：即受生。既然已經執著於「有」，必然就會因此產生相應的受報─受生，即陷入生滅輪迴。因此，又意味著陷入生老病死諸苦。

老死：即老和死，泛指一切痛苦。有生即有死，痛苦直接因「受生」而有，最根本的動力或說促緣就是「無明」。痛苦老死之後，由於既有的業力掌控，生命又必然只會陷入更深一層的「無明」，開啟另一層次的十二因緣。

「十二支」所體現的生命結構有兩層：

第一層，以「無明」為業因而形成的隱性生命信息。即受「十二因緣」所影響和決定著的生命內質，決定著個體的生命所作、能作。一旦「無明」仍然存在，生命必然只會基於此「無明」之因而形成相應的「十二因緣」邏輯。而如果「無明」解除，則「十二因緣」就不起作用，繼而生命就會呈現出清淨解脫相。

第二層，以「無明」為業因而輪轉生成的生命形體。因為有「無明」，就產生了相應的「行」；「行」所造成的業力、業果，致使生命輪迴投胎，產生了相應的「識」；有心識判別，必然拘於或製造「名色」；既有「名色」，便會攝入內外信息；既攝入，就意味著有相應的接觸；有接觸，相應的觸受就會產生；觸受產生，就會有貪著、貪愛；因此，就會求取、追逐；於是，必須要寄託於「有」之感才能滿足；既如此，即起受生、託生之行為與結果；最終，形成了老死業報。「十二支」由是周而復始。其中，承載此周而復始的「生命形體」，其形成根源在於業因「無明」。

上述兩層都以「無明」為根本出發點。這意味著只要有「無明」，「十二支」就必然決定著生命的產生和結構。佛教有「十二因緣觀」之解脫法，觀此而得見性，方可脫離。佛教阿羅漢果中的「緣覺」就是在此「十二因緣觀」中得以解脫，形成了殊勝的解脫者生命形象。故而，「十二支」闡述了生命的業因運作原理及其所形成的生命結構，但同時也在其中給出了「十二因緣觀」之解脫路徑。

三、以淨識為統攝的「九層識」結構

佛教剛傳入中國時，一般認知中常常按照唯識理路力舉「八識說」，而如來藏理路則認為應該按照「九識說」來認識佛教。雖然八識說經常被認為是唯識宗的基本理論，但禪宗經常用這種理路來證明生命的根本境界中的確具有相應層面。八識，謂眼識、耳識、鼻識、舌識、身識、意識、摩那識、阿賴耶識。阿賴耶識中，有染有淨，根據佛教教理的種種描述，阿賴耶識就是人類整個業力的總和。佛教常常將生命按內外結構分為眼、耳、鼻、舌、身、意六識，第七識末那識，第八識阿賴耶識（含藏識、種子識）。然早在印度佛教初始，便有「佛性」「涅槃妙心」「清淨心」等觀念，實即指「第九識」。如《般泥洹經》云：「但當自勉勤學力行，持清淨心，趣得度脫。」〔註 69〕《大梵天王問佛決疑經》云：「或云自生無性，或云涅槃妙心。」〔註 70〕《大方廣佛華嚴經》云：「初發心菩薩摩訶薩，欲不斷一切諸佛性故，發菩提心。」〔註 71〕如此均屬相關論述，只是未有「第九識」的明確說法。及至後來，「第九識」之稱逐漸明晰，如龍樹《十八空論》云：

> 第三明唯識真實，辨一切諸法唯有淨識，無有能疑，亦無所疑。廣釋如唯識論。但唯識義有兩：一者方便。謂先觀唯有阿梨耶識，無餘境界。現得境智兩空，除妄識已盡，名為方便唯識也。二明正觀唯識。遣蕩生死虛妄識心，及以境界，一皆淨盡，唯有阿摩羅清淨心也。〔註 72〕

龍樹著述，真諦翻譯的系列著作中，認為其中還有一個「阿摩羅識」清淨心，即第九識如來藏真心「淨識」，也就是清淨不染的本來面目。阿賴耶識有染有淨，雖含藏有如來藏，但畢竟不是真實如來藏，而第九識「淨識」才是能夠證見三昧，正等正覺的更本所在。「淨識」統攝著這一九層識生命結構。又說：

> 此二無所有，即是阿摩羅識。唯有此識獨無變異，故稱如如。前稱如如，但遣十二入。小乘所辨一切諸法，唯十二入非是顛倒。今大乘義破諸入，並皆是無。唯是亂識所作故，十二入則為顛倒。唯一亂識則非顛倒，故稱如如。此識體猶變異。次以分別依他，遣

〔註 69〕《般泥洹經》卷上，《大正藏》第 1 冊，第 181 頁。
〔註 70〕《大梵天王問佛決疑經》，《卍新續藏》第 1 冊，第 434 頁。
〔註 71〕《大方廣佛華嚴經》卷九，《大正藏》第 9 冊，第 452 頁。
〔註 72〕《十八空論》，龍樹造，陳天竺真諦譯，《大正藏》第 31 冊，第 863 頁。

此亂識。唯阿摩羅識是無顛倒，是無變異，是真如如也。前唯識義
中亦應作此識說。先以唯一亂識遣於外境，次阿摩羅識遣於亂識故，
究竟唯一淨識也。〔註73〕

這一觀點是典型的唯識、中觀、如來藏一體化的表述理路。禪宗繼承並發
揚了這一學說，承認並闡發第九識淨識的存在和智慧，將之命名為「自性」。
這一點，禪宗所論也甚多。例如，惠能就說：

自性能含萬法，名含藏識，若起思量，即是轉識。生六識，出
六門，見六塵，如是一十八界，皆從自性起用。自性若邪，起十八
邪。自性若正，起十八正。〔註74〕

這種理路很自然地運用「自性」與「六識」「六門」「六塵」的關係來論證
一切緣起的實質。這只不過是本來面目存在、運作的另一種表述罷了。從整個
禪宗體系來看，「自性」都被時刻推重且極力闡發。大慧宗杲引用多種經典綜
論云：

《三十唯識論》云：謂異熟思量，及了別境識。多異熟性，故
偏說之。阿陀那名，理通果。或唯果說，四佛地經等，說四智品。
或因果俱說（此處闕第五義，諸本皆無）六，隨順小乘經中說六識。
或因果俱說七，諸教說七心界。或因果俱說八，謂八識。或因果合
說九，《楞伽經》第九頌云：八九種種識，如水中諸波。此依無相論
同性經中，彼取真如為第九識。真一俗八二合說故，今取淨位第八
本識，以為第九，染淨本識各別論故。所依本故，第九復名阿末羅
識故，第八染淨別說，以為九也。〔註75〕

種種經典中均說「九識」。主要理路是認為阿賴耶識中淨染共存，染者第
八識，淨者第九識；又或此第九識乃獨立存在，稱「阿末羅識」。禪宗辨析此
第九識的理路大致如此。當然，需要注意的是，這僅僅是理論知見上的邏輯推
論，以證明第九識的存在；實際上，對於生命個體而言，染淨確實未分，一體
混纏，總為含藏識，只有修行證見此自性，脫出業力之裹挾，才可能有真正第
九淨識的獨立自存。永明延壽《心賦注》卷四也云：

九識者：一眼識、二耳識、三鼻識、四舌識、五身識、六意識、

〔註73〕《三無性論》卷上，真諦譯，《大正藏》第 31 冊，第 871 頁。
〔註74〕〔唐〕惠能：《壇經》，《大正藏》第 48 冊，第 360 頁。
〔註75〕〔宋〕宗杲：《宗鏡錄》卷二十九，《大正藏》第 48 冊，第 582 頁。

七末那識、八阿賴耶識、九真識。九識者，以第八染淨別開為二，以有漏為染，無漏為淨。前七識不分染淨，以俱是轉識攝故。第八既非轉識，獨開為二，謂染與淨。合前七種，故成九識。又第九識，亦名阿陀那識。《密嚴經》說九識為純淨無染識，如瀑流水，生多波浪，諸波浪等以水為依。五六七八等，皆以阿陀那識為依故。〔註76〕

從這一論述看，禪宗在某一維度遵循著生命的唯識「九層識」結構。這是禪宗闡述生命的重要理論視角之一。

由此也可知，生命之「八識」背後，還有一個更高的結構存在「自性」作為統攝，最為完整的生命內在結構應是「九層識」。對生命存在進行闡釋時，禪宗以「自性」作為判定生命意義的內在依據，一旦符合自性，能顯示自性者，該生命現象就是生命本根之顯化，統攝一切法相；然而「自性若邪」，就造成了「眾生用」，即沒有發明本根性的生命存在，生命便只能被含藏識的染淨雜合所左右。

四、以身心為載體的「五蘊」結構

五蘊分別是色蘊、受蘊、想蘊、行蘊、識蘊。在五蘊中，除了第一色蘊是屬物質性的事物現象之外，其餘四蘊都屬精神心識現象。對於人而言，「身心」實是「五蘊」生命的載體。

從五蘊生命結構來說，生命現象被禪宗分為五個結構層次，名「五蘊」，即色、受、想、行、識。當然，這五個層次的類分，其實源於印度佛教。色是物質性存在，對人而言，即是身體。其餘四蘊涉及心理、精神性存在。受是心理感受，想是心理活動，行是心理衝動，識是意識存在。宗泐《心經注解》云：

五蘊者，色受想行識也。蘊者積聚也，空者真空也。色者色身也，受者領納也。想者，思想也。行者，作造也。識者，分別也。識即心王，受想行是心所也。〔註77〕

儘管在多種場合談及構成生命的元素「色受想行識」，但禪宗主要是以「自性」視角來探討這一生命結構的。五蘊，即使是精神層面，也是具體有形的，就是這種固定性導致生命無法延展到涅槃世界。《大乘理趣六波羅蜜多

〔註76〕〔宋〕延壽：《心賦注》卷四，《卍新續藏》第 63 冊，第 141 頁。
〔註77〕〔明〕宗泐等：《般若波羅蜜多心經批註》，《大正藏》第 33 冊，第 569 頁。

經》卷六云：

> 菩薩觀五蘊身五種過失，眾苦所集剎那無常。五種不淨三十六
> 物，無我我所一切皆空。外道邪見執身安樂。常住無變是清淨法有
> 我我所。〔註78〕

這裡說明的是，五蘊和合結為生命形式。同時，正是這種結構阻礙了生命與本體的流通，造成「五種過失」，眾苦所集，剎那無常。

「五蘊」，是人類生命結構的某幾層，但凡是「固定結構」，在禪宗的眼中都是不穩固的，隨時會解體消散。佛教提供了很多突破這種固有結構的方法，故而《大乘理趣六波羅蜜多經》中，才強調要「觀」這些過失，從而得到五蘊皆空、度一切苦厄的境界。禪宗典籍《少室六門》中，更強調了突破這種結構的重要性：

> 貪愛成五蘊，假合得為身。血肉連筋骨，皮裏一堆塵。迷徒生
> 樂著，智者不為親。四相皆歸盡，呼甚乃為真。〔註79〕

一旦貪著「五蘊」，就執假為真，就得不到我相、人相、眾生相、壽者相皆無皆盡，無所執著為真的般若境界。

當然，五蘊是生命的一種外在結構、載體，人類的生命也必須依靠這種外在結構來承載、顯現。人類的自性，正是這種結構，再加上各種媒介與心性的溝通，才形成一個完整統一體。

五蘊是關於主客發生作用而建立生命現象的描述。細究則可發現，其背後還有一個起著絕對支配作用的「自性」存在。不過，正因「自性」的隱遁，生命才出現「眾生用」，遠離了溝通自性的可能。從禪宗「五蘊是生滅之用」〔註80〕「認五蘊和合為自體相」〔註81〕等表述來看，生命中最本根的自性狀態，就是被五蘊給遮蓋了，儘管自性是最根本的生命之源，但還是因此而無法外顯出來。關於五蘊的產生，《頻婆娑羅王經》云：「所有五蘊由有法想，由彼法想乃生五蘊。」〔註82〕「五蘊」是因為有了思維念頭，從自性中產生的。故而，它們都是「自性」中顯現的幻相。這些現象又會反過來成為障礙自性顯現的因素，致使生命現象失去終極生命力的支持。當然，「五蘊」的本

〔註78〕《大乘理趣六波羅蜜多經》，《大正藏》第 8 冊，第 893 頁。

〔註79〕〔梁〕達摩：《少室六門》，《大正藏》第 48 冊，第 365 頁。

〔註80〕〔明〕如巹：《禪宗正脈》卷一，《卍新續藏》第 85 冊，第 391 頁。

〔註81〕〔唐〕惠能：《壇經》，《大正藏》第 48 冊，第 356 頁。

〔註82〕《頻婆娑羅王經》，《大正藏》第 1 冊，第 826 頁。

體也是自性，當心性突破五蘊的局限，即度一切苦厄，一切相又變成了「真如相」。即此「真如相」，也就連通了真正的自性本根，生命現象也就完全具有了本根的生機。於是，生命「生」則成形，散則「無相」，實質上並沒有消失，只是換了一種存在形式。

五、以含藏為主體的「三世」結構

「三世」指過去世、現在世、未來世，實際含義其實是生生世世，「三界六道」內的生命即在此生生世世中流轉或尋求解脫，「三世」只是生命歷劫中的一段。然而，三世中的生命是以個體形式輪轉？還是以其餘形式？

首先，三世有「兩重因果」。第一重因果是「過去因，現在果」。所謂「過去因」，就是此前生生世世、歷劫經歷造成的業積，就是之所以造成現在自己生命形態、現狀之「現在果」的一切業識基礎。第二重因果是「現在因，未來果」。即「過去因」加上「現在果」，又成為「未來果」的「現在因」。這三世兩重因果包含了生生世世。生命主體就在其中輪迴流轉。

其次，三世兩重因果的流轉主體是「含藏識」，而非個體意識。例如清代行省禪師《虛舟禪師注八識規矩頌》云：

> 人將入胎時，此第八識先來，然後前七種識次第生來，前七種識所造善惡業因總於八識，受其果報，如偈云：頂聖眼生天人，心惡鬼腹，旁生膝蓋，離地獄腳板，出此八識後，去之象從染淨而分也。昔人云：「才出胞胎又入胎，聖人觀此動悲哀。幻身究竟無香潔，打破畫瓶歸去來。」旨哉言乎。〔註83〕

其中明確說不論投胎和出胎的主體均是「第八識」（含藏識）。歷劫以來生命所積存的一切信息，即是含藏識之內容構成。延壽《宗鏡錄》云：

> 生滅因緣，最初依阿賴耶識為體，以意識為用。如是三世因果，流轉不絕，功在意識。以是義故，意名相續識。《起信論》云：『復次生滅因緣者，謂諸眾生依心意識轉。』此義云何？以依阿賴耶識，有無明不覺，起能見能現，能取境界、分別、相續，說名為意。〔註84〕

對於人類生命而言，死亡之後，在世時的「個體」特徵已經消散，只剩下中陰身，此中陰身是由生生世世所有經歷凝聚而成，其中既包含個體的，也包

〔註83〕〔清〕行省：《虛舟禪師注八識規矩頌》，《嘉興藏》第33冊，第256頁。

〔註84〕〔宋〕延壽：《宗鏡錄》卷七十三，《大正藏》第48冊，第822頁。

含集體無意識的，中陰身在綜合業識的決定下，或解脫見性，或轉而為人，或下沉為三惡道。據此可知，此中陰身當然也包含著「自性」在內，只看在中陰階段能否見性解脫。總體而言，此輪轉主體即是整個含藏識。一旦在某一階段見性開悟，即可逐步回溯、釋放此含藏識中的一切經歷信息。

六、以性相為模式的「二重」結構

　　「性」和「相」一體不二，將「性相」分開而論，目的是為了在理論上把生命現象的產生原因、構成實質、運作原理等梳理清楚。「性」和「相」也根本就不存在分開的可能性，「相」依「性」生，「性」以「相」顯，能分開來講的只是邏輯上的知解「概念」。此處從佛教概念、禪宗概念對以性相為模式的「二重」生命結構做一些梳理。《大寶積經》中談到：

　　　　五蘊本性空，若本性空則無我我所，若無我我所是則無二，若

　　本無二則無取捨，無取捨故則無所著，無所著故則超過世間。〔註85〕

　　言下之意，若五蘊不空、本性不空、有我我所及二分、有二分有取捨、有取捨有所著，則會迷執於世間，這種境況下，生命只見「相」不見「性」，故生「性相」之兩重分別。禪修的一般邏輯即是這種理路，在迷失的「相」裏尋求見「性」。然而一旦五蘊皆空，無我我所及二分等，便可證見「自性」，實現「性相」的一體無二，所謂的「二重」生命之分便會解構。

　　生命的「性相」二重結構最易引起誤解。人們的思維方式因為受制於線性邏輯，但凡談及「性相」，就自然映現出兩種各自獨立存在的對象，即使說一體不二，也會認為是將兩個東西合為一體。實質上，所謂「二重」，只是兩個「名相概念」，「性」「相」是人們建立起來的強意分別。從禪的角度講，性即相，相即性。因為相狀從本性顯化而出，相也就是性的「具體形相」。但無思量，便無「二重」分別。宋僧癡絕云：

　　　　思想邊量，是所知障。諸人十二時中，推窮尋逐。情識義理思

　　想之際，那個是能知之心？你若當情識義理思想之境見前之時，見

　　徹能知之心本空，則所知之境自寂。便見所知之境外無能知之心，

　　能知之心外無所知之境。心境既空，性相平等。〔註86〕

　　其含義大體是，思想心識是所知障，人類生命的一般屬性導致自身十二時

〔註85〕　《大寶積經》，《大正藏》第 11 冊，第 567 頁。

〔註86〕　〔宋〕癡絕：《癡絕和尚語錄》卷下，行彌、紹甄、智圓等編，《卍新續藏》第
　　　　70 冊，第 62 頁。

中喜好推窮尋逐。如果能在此推窮尋逐之際見自家「能知」之心本空，則對象外境便自清淨寂滅。分別心既空，則「形相」二分便不復存在，而最終平等一體。

禪宗並不否定一切「生命相」，而重在求取那種無形無相的「生命性」。「性相」生命二分，是從修持邏輯上講的。從自性角度而言，生命相先天就在體現空性，但生命作為一種主體產生後，就製造了一套以主體為中心的文化體系，這就是所謂的「思想觀念」。從禪宗視野看，這其實是人類歷劫以來堆積的「無明業惑」，它阻斷了「性」與「相」的一體不二關係，造成生命的「二重」分離。於是人們又必須去確證「空性」的存在，從究極處回歸生命本根。故而，「性相」從任何角度講都是一體不二、不一不異的，關鍵只在於個體生命能不能認識並體證到其存在。

七、以見性為究極的「一體」結構

生命可以從不同的維度來認識，可以分為以六根為媒介的「十八界」結構、以無明為業因的「十二支」結構、以淨識為統攝的「九層識」結構、以身心為載體的「五蘊」結構、以含藏為主體的「三世」結構、以性相為模式的「二重」結構等，但終究是一個整體。此生命整體以「見性」作為終極統攝，如不見性，即是諸般分離，一旦見性，便能確證生命的一體性。

首先，從個體而言，見性即能總攝身心，身心生命融為一體。一方面，「生命的一體性」體現於身色的完整一體，如元代蜀僧斷雲智徹《禪宗決疑集》云：「譬如人皆有體必用肢節，體無肢節身自何為？肢節無體手足何寄？手足依體而發用萬端，安立世界。是事歷然無足疑也。」〔註87〕身體儘管由不同部分構成，功能各異，但手足四肢、骨骼關節等卻完整地合為一體，再次層面，生命具有一體性。而且，這種一體性並非簡單組裝，而是具有更深層的自性作為主宰。另一方面，個體生命也有矛盾、對立，自心有無邊眾生，度盡心中眾生，才成就真實一體。明代《古雪哲禪師語錄》卷二十云：「度盡自心眾生，空盡自心地獄，圓滿自心願輪，成就自心古佛。古佛既現，魔外潛銷，四眾同欽。萬方共仰。」〔註88〕心中眾生，多指心識層面的種種愚迷分別。度盡自心眾生，自性呈現，便有此一體生命之鏡。宋僧智昭《人天眼

〔註87〕〔元〕智徹：《禪宗決疑集》，《大正藏》第 48 冊，第 1013 頁。
〔註88〕〔明〕真哲：《古雪哲禪師語錄》卷二十，《嘉興藏》第 28 冊，第 402 頁。

目》卷四甚至說明了如何整合心中眾生：「若是悟底人，六七因中轉，五八果位圓，六識轉為妙觀察智。反觀第八識，為不動智，空無內外，名大圓鏡智，即一體也。平等性智總號也，以妙觀察智，收前六根、六塵、六識十八界乃至八萬四千塵勞，轉為成所作智，總歸大圓鏡智，即一體也。第五識乃記持識，轉為成所作智。成所作智轉入妙觀察智，妙觀察智轉入平等性智，平等性智轉入大圓鏡智，即一體也。」〔註89〕這是唯識「轉識成智」的基本理路。具體闡述了如何轉八種識為成所作智、妙觀察智、平等性智、大圓鏡智。既轉識成智，則八種識和本具自性即為一體。然而，轉識成智的核心在於「見性」，既見自性，八識自轉，否則都只是理論上的推考，以心識推論而轉，反而是以「轉識成智」的名義迷失在心識運作中。

其次，從萬物而言，見性則可統攝萬法，萬物生命同為一體。只要真正見性，生命就能統攝個體內外、萬物與自身，最終融通一體。禪宗第三祖僧璨《信心銘》云：「極小同大，妄絕境界。極大同小，不見邊表。有即是無，無即是有。若不如是，必不須守。一即一切，一切即一。但能如是，何慮不畢。信心不二，不二信心。」〔註90〕理論上，因為從自性的角度去看待萬物，當然就是一即一切，一切即一，然而如果不真實見性，便只知其然不知其所以然，不會真正體貼到僧璨所宣說的不二之境，不會真實知曉萬物之間在自性層面的匯通。唐僧慧然云：「即今目前孤明歷歷地聽者，此人處處不滯，通貫十方，三界自在，入一切境差別不能回換，一剎那間透入法界，逢佛說佛、逢祖說祖、逢羅漢說羅漢、逢餓鬼說餓鬼，向一切處遊履國土教化眾生未曾離一念，隨處清淨，光透十方，萬法一如。」〔註91〕其中所說「此人」即是「自性」。此自性呈現，便能通貫十方，出入三界，在一切眾生界逢佛說佛、逢祖說祖、逢羅漢說羅漢、逢餓鬼說餓鬼，萬類同體，萬法一如。此理在晉代僧肇處即曾言說清楚：「玄道在於妙悟，妙悟在於即真，即真即有無齊觀，齊觀即彼己莫二。所以天地與我同根，萬物與我一體。同我則非復有無，異我則乖於會通。所以不出不在而道存乎其間矣。」〔註92〕不二齊觀，天地與我同根，萬物與我一體，關鍵還在於妙悟，證得自性。總言之，不同物類之間，都具有共通性，證見自性，即可知可感此萬類生命的一體不二。

〔註89〕〔宋〕智昭集：《人天眼目》卷四，《大正藏》第48冊，第322頁。
〔註90〕〔隋〕僧璨：《信心銘》，《大正藏》第48冊，第376頁。
〔註91〕〔唐〕義玄：《鎮州臨濟慧照禪師語錄》，慧然集，《大正藏》第47冊，第4頁。
〔註92〕〔晉〕僧肇：《肇論》，《大正藏》第45冊，第159頁。

再次，見性語境下，生命又是一體多維的。「一體」即生命存在之既有個體；「多維」則是指生命並非僅可見之身心構成，尚有人類暫未識別的隱性視界。從整個佛教來看，生命的「一體多維性」主要表現在本節所論之十八界、十二支、九層識、五蘊、三世、二重、一體。結合上述之縱向、橫向多重立體結構來看，生命構成中都隱含著「自性」「身心感官」「內外互通統一」等多層義。「自性」是最深層之存在，也是所謂的生命之本真；「身心感官」則是生命的身心現象，也即一般所說的生命欲望層；但是，兩層之間並不孤立，而是一體互通、多維共存的。這就為禪宗的深度生命關懷提供了綜合視野、理論依據。一般而言，孤立地從身心層看待生命關懷，必然是「愛繫我首，長道驅馳，生死輪迴，生死流轉，不去本際」〔註93〕，無法透徹；只談本性層，也難免是一種孤立、灰身滅智之二元分割。唯有從自性視角、見性實踐宏觀視之並一體考量，才可能具備「世心是冥身，涅槃是非根法，甚深微細覺性，乃能了知」〔註94〕的全域生命視野，也才有出離現實苦厄、解脫於最終層次的可能性。

總之，如上生命構成的種種分類，乃是禪宗思想和實踐中體現出來的對生命構成的理解和闡述，此處對其主要內容進行了梳理。對於生命構成，難以一言而盡，宏觀而言，甚至可以認為禪宗體系都是用以闡說生命的產生、存在、構成、去向等價值的，而這就是生命結構的重要內容。除上述十八界、十二支、九層識、五蘊、三世、二重、一體之結構外，禪宗當然還有其餘結構觀。不過其核心內容大多已不離上述。總體而言，禪宗生命結構觀乃屬「一體多維」，雖分而述之，卻也仍需在「見性」的深度對之進行總攝性把握，以避免理解上的支離破碎。

第五節　禪宗對生命圓滿境界的設定與確證

禪宗的全域生命論，還包含圓滿生命境界的真實存在，以及保障這一圓滿境界實現的基本手段，見性開悟。

一、圓滿生命實有於人生

關於生命圓滿境界實有於人生，其實是基於自性生命的實存。有關這一

〔註93〕《雜阿含經》，《大正藏》第 2 冊，第 41 頁。
〔註94〕《阿毘曇毘婆沙論》，《大正藏》第 28 冊，第 56 頁。

點，禪宗並不是重新建立一個體系證明的確存在一種自性境界，因其對於禪宗而言已確信無疑。這種本根自性的存在問題，在釋迦牟尼確證最高智慧的一天就已經被證實。實際上也的確如此，整個佛教的建立與傳播，都立足於這種可以超越的生命實在。宗杲《大慧普覺禪師語錄》中說：

> 如釋迦老子，初在正覺山前，舉頭見明星出現，忽然悟道，遂乃歎曰：奇哉！一切眾生具有如來智慧德相，但以妄想執著而不證得。謂上至十方諸佛，下至六道四生含蠢蠕動，於我悟處，以平等印。一印印定，更無差別。爾看，黃面老子纔悟了，便見得如此廣大。〔註95〕

意思是，一切眾生都具有這種生命的本來面目，只不過是由於妄想執著、業力作用等，無法確證其存在。並且這種本來面目，十法界中的六凡四聖都是一樣的，沒有區別。

具體體現在現實生活中，也有圓滿生命狀態存在。於僧家而言，如《永嘉證道歌》云：

> 君不見，絕學無為閒道人，不除妄想不求真。無明實性即佛性，幻化空身即法身。法身覺了無一物，本源自性天真佛。〔註96〕

絕學無為閒道人，應是永嘉玄覺自況。突出絕學無為，無修無學；又突出一「閒」字，無所求馳拘役，懶漫忘機。已經到了無明與佛性不二，幻身與法身一如之境。空空無一物，自處於本源自性，等同於天真佛。這些描述本是用於呈現證境，但卻體現出了證得自性之後的圓滿生命狀態。

又如《嘉泰普燈錄》卷四中的「廬山歸宗志芝庵主」：

> 廬山歸宗志芝庵主，臨江人也，壯為茇苾，依黃龍於歸宗。遂領深旨，有偈曰：「未到應須到，到了令人笑。眉毛本無用，無渠底波俏。」未幾，龍引退，芝陸沉千眾。一日，普請罷，書曰：「茶芽蔍蔌初離焙，筍角狼忙又吐泥。山舍一年春事辦，得閒誰管板頭低。」由是衲子親之，芝不懌，結茅絕頂。作偈曰：「千峰頂上一間屋，老僧半間雲半間。昨夜雲隨風雨去，到頭不似老僧閒。」竟終於此山。〔註97〕

廬山歸宗志芝庵主，依黃龍禪師修行，修有所得。待黃龍禪師引退後，志芝亦於眾中陸沉（即陸沉，隱逸義）。但還是難免有人普請說法，眾多僧人爭

〔註95〕〔宋〕宗杲：《大慧普覺禪師語錄》，《大正新修大藏經》第47冊，第878頁。

〔註96〕〔唐〕永嘉玄覺：《證道歌》，《大正藏》第48冊，第395頁。

〔註97〕〔宋〕正受：《嘉泰普燈錄》卷四，《卍新續藏》第79冊，第315頁。

相親近。後來志芝不勝其煩，獨自結茅峰頂，自怡自樂，並寫詩句「千峰頂上一間屋，老僧半間雲半間。昨夜雲隨風雨去，到頭不似老僧閒」，描述自己的出塵自足生活，而且最後也在山中自然逝去。

於俗家而言，也多有自足解脫者。如彭際清《居士傳》中說：

> 爰有達人，丕扶名教。有倫有脊，可以言教。隨所住處，戒水沉香。世出世間，圓滿道場。〔註98〕

這是《居士傳》所載明萬曆年間進士姚孟長撰文之數句，其文描述者乃典型的儒釋共修之世俗居士，世出世間，圓滿道場。不受出家在家的限制，而是在心性上用功，從而出入儒釋，一副自由氣派。

又如宋代宋自遜《驀山溪·自述》云：

> 壺山居士，未老心先懶。愛學道人家，辦竹幾、蒲團茗碗。青山可買，小結屋三間，開一徑，俯清溪，修竹栽教滿。客來便請，隨分家常飯。若肯小留連，更薄酒，三杯兩盞，吟詩度曲，風月任招呼。身外事，不關心，自有天公管。〔註99〕

詞中宋自遜自稱壺山居士，此居士既懶且閒，愛好茶道，購山買水，結小屋，辦茶具，過山水田園式的懶慢生活，完全已是禪意地棲居。這種休閒式的圓滿生活，實已體現出一種健康的生活觀、生命觀：張弛有度，作息有道，修行有得，從而以最佳的身心狀態棲居於禪意的內在生命價值。

也就是說，不論僧俗，但凡修學，均指向此圓滿生命境界。其中有的是如覺者般的成佛解脫，見性成佛；有的則是心無掛礙，寄託世俗，同樣是心安理得，一般圓滿、飽滿。

二、見性開悟為實現路徑

雖然圓滿生命境界存在，但因人自身的種種缺陷，本來面目卻成為並非人人都能感受到的稀罕物。這就導致了人們必須要以特定的方式去發掘它的存在。禪宗談到了很多方法，比如懺悔、參悟、持念等。這些方式都是為了提升生命的境界，達到本來面目的解脫。換言之，想要達到圓滿生命境界，就必須依法見性開悟，見性開悟就是圓滿生命境界的實現路徑。此類話題，禪宗所談甚多。

〔註98〕〔清〕彭際清：《居士傳》，《卍新續藏》第 88 冊，第 278 頁。

〔註99〕〔宋〕宋自遜：《漁樵笛譜》，趙萬里：《校輯宋金元人詞》，國家圖書館，2003年，第 1 頁。

如說依止大善知識示導見性。《壇經》云：「菩提般若之智，世人本自有之；只緣心迷，不能自悟，須假大善知識，示導見性。」〔註100〕除了「獨覺佛」，一般人極難自覺自度。故而需要大善知識指教，以心傳心，以心印心，得到見性開悟之法，之機。這是極為重要的見性開悟的實現路徑。

如說精勤做工夫明心見性。破山海明《破山禪師語錄》卷八《示文靖馬居士》云：「學道貴乎明心，見性則為究竟處也，然而做工夫必須先發三種心：一者信心，信自心是佛故；二者精進心，遇境不退故；三者發遠大堅固心，畢竟克果故。如是具此三心，期生死不相干之地，了鬼神覷不破之機，必此而得也。就中素所信所疑，或念佛或誦經，日有定課，此是漸入之門。及以念佛至一心不亂，淨念相繼為則也。參誦有經義不明、語關未透處，是話頭，是巴鼻，不可終日因循，即在行住坐臥、茶裏飯裏無容間斷，把作一件最要緊事做。以恒心為主，不出一動一靜，忽地裏觸發，如貧得寶，如暗得燈，如饑得食，始信佛祖不欺人也。」〔註101〕此中說，明心在先，見性為果，做工夫則是手段。做工夫需要先發信心、精進心、遠大堅固心。而後具體以念佛、參禪之種種法，將明心見性當做最重要的一件事情專心、精勤、持續地做，最終定能得到此究竟處。

又如說以生死心切發心見性解脫。《三峰藏和尚語錄》卷十三《示王夢叟居士》云：「參禪一法，本非世間學問，亦非出世間，離生死便了，當會得生死中得大自在可耳。若欲得大自在者，直須真實，畏生死、怕升沉，不知來去苦樂實際，因之發起阿耨菩提心，只要預先勘破生死念頭在於何處，得其處所，方好以法攻之。」〔註102〕此處的參禪，認為要有解脫生死切心，在生死苦海中發起菩提心，從而切切勘破生死執念。見之，攻之，破之，最後的見性開悟。從禪宗的整個思想體系看，闡論圓滿境界者甚多，但始終多不過見性開悟之法，因其為見性解脫的具體方法保障。這一內容，本研究在「禪宗修道次第論」中還會展開詳述。

綜言之，人類各種文化體系對生命的認知角度各異、程度各異，最大的共通之處恐怕是都對生命諱莫如深、言難盡意，認識生命似乎也成了人類面臨的

〔註100〕〔唐〕惠能：《壇經》，《大正藏》第48冊，第350頁。

〔註101〕〔清〕破山海明：《示文靖馬居士》，《破山禪師語錄》卷八，印正編，《嘉興藏》第26冊，第35頁。

〔註102〕〔明〕法藏：《三峰藏和尚語錄》卷十三，弘儲編，《嘉興藏》第34冊，第185頁。

最難問題。而禪宗則提供了一種較有系統性，也較有說服力的生命論，即筆者所謂「全域生命論」。「全域生命論」的要義在「全域」，指生命具有禪學視野中的深度、廣度、立體度，不同於一般視野對生命的線性生滅認知、有限區間認知。具體而言，禪宗是從多重生命形態劃分、生命如何生成、生命過程如何、生命結構如何、生命圓滿境界實證等維度綜合探討生命。由此也可發現，禪宗在繼承佛教生命論的基礎上，結合中華本土生命觀，創新式地對生命展開了不同維度的立體審視。也唯有如此，才能理清生命的源頭、生成、運作、結構、實質、超越、去向等範疇，才能對單維的生與死形成圓滿的超越。這也是「禪宗全域生命論」能夠在現實社會中形成創造性轉化、創新性發展的重要意義所在。

第三章　禪宗的修道次第論

　　為達到生命的究竟解脫，禪宗設計了很多修持方法。其出發點，是根據禪眾的「根器」而因機設教。於是，就有了有無必要坐禪以及取捨禪法等問題的論爭。不過，這些爭議，實質上是不同語境下的不同表達，本質上更進一步地完善了禪宗的修行體系。「修道次第」是近年佛學界頗為關注的重要範疇，蓋因其乃構成佛教體系的基石、柱梁，佛教修持之進行、義理之傳承、教團之發展、智慧之實現均須以修道次第為媒介方可達成。對修道次第的挖掘、梳理、詮釋，實乃佛學研究的核心要務。然而，目前禪宗修道次第研究卻無法深入：學界主流觀點已基本定論禪宗無修道次第。主要原因是禪為「頓悟」之宗，而「頓悟」和「次第」是對立的，故禪宗必不講修道次第。這正是筆者所要探討的重點：禪宗究竟有無修道次第？如無，禪宗依何存在、傳承？如有，其體系、結構、內容又如何？

第一節　禪宗具有龐大而嚴密的修道次第系統

一、禪宗有修道次第的論證

　　對禪宗有無修道次第的問題，應綜合修道次第含義、禪宗各家宗旨以及總體禪學義理等來全面辨析。

　　首先，從修道次第義考察。修者，修持義；道者，方法、道果義；次第者，步驟、程序、階梯義。修道次第，總義約為：「修道方法的程序、階次、結構等組織形式和內在邏輯。」〔註1〕從其所對應的內容來看，偏向於苦、

〔註1〕「修道次第」乃宏觀、微觀一體化的理論形態。一般情況下，「修道次第」與「修

寂、滅、道四諦之「道諦」，即佛教的實踐論和方法論。據此可知，修道次第必然貫穿於梵語系、藏語系、巴利語系、漢語系佛教之始終。禪宗自然也不例外。

其次，從北宗禪探討。歷史給北宗的定位即次第漸門。從弘忍對「身是菩提樹，心如明鏡臺。時時勤拂拭，勿使惹塵埃」〔註2〕的批評，到惠能「汝師戒定慧接大乘人，吾戒定慧接最上乘人」〔註3〕的評論，又及後世學者的種種定斷，無一例外地承認神秀北宗講究修道次第。由北宗經典也可看出這種漸次特徵。如《觀心論》說：「一切眾生，由此七法洗浴莊嚴，能除三毒無明垢穢。其七法者，一為淨戒洗蕩身心，如清淨水洗諸塵垢；二謂智惠觀察內外，如然火能溫其水；三謂分別簡棄，如澡豆能除垢膩；四謂真實斷諸妄語，如嚼楊枝能消口氣；五謂正信決無疑慮，如灰磨身能避諸風；六謂柔和諸剛強，如蘇膏通潤皮膚；七謂慚愧悔諸惡業，如內衣遮蔽醜形。如上七法並是經中秘密之義。」〔註4〕引文介紹了能除「三毒無明垢穢」的七種方法、步驟，其核心內容分別為守清淨戒、反觀自我、揀擇正法、斷除妄語、決定正信、調和剛柔、懺悔諸業。這實際上是漸次修道之七種次第，被神秀視為佛經的修持旨歸。又如《大乘無生方便門》將修行分為漸次五門：「第一總彰佛體，第二開智慧門，第三顯示不思議法，第四明諸法正性，第五自然無礙解脫道。」〔註5〕這都是典型的修道次第理論綱要。

再次，從南宗禪考量。這是爭議最大的地方。一般以為：南宗既然強調頓斷，自然就意味著不講次第漸修。然考南宗諸家，次第之實，俯拾即是。如《壇經》所載之「自性五分法身香」「發四弘誓願」，〔註6〕乃先後行作之次第法。又如「臨濟喝」「雲門餅」「德山棒」等法看似不講次第而頓成，但實也是用一些極端手段將散亂外馳之心「拽回來」。而大慧宗杲「看話頭」、宏智正覺「默照禪」等，均按一定次第調訓內心。上述側重於具體次第，至於宏觀之次第，可

道方法」交織為一，互成表裏，近乎等同。但特定情況下，「修道次第」也會抽象為一種宏觀的判教體系，不再是具體的修行方法，如藏傳佛教「三士道」。

〔註2〕〔唐〕惠能：《壇經》，《大正藏》第48冊，第348頁。
〔註3〕〔唐〕惠能：《壇經》，《大正藏》第48冊，第358頁。
〔註4〕〔唐〕神秀：《觀心論》，《大正藏》第85冊，第1271頁。
〔註5〕〔唐〕神秀：《大乘無生方便門》，《大正藏》第85冊，第1273頁。
〔註6〕自性五分法身香：戒香、定香、慧香、解脫香、解脫知見香；四弘誓願：自心眾生無邊誓願度、自心煩惱無邊誓願斷、自性法門無盡誓願學、自性無上佛道誓願成。（見惠能：《壇經》，《大正藏》第48冊，第353～354頁。）

參考達摩之「二入四行」〔註7〕，百丈懷海「禪門清規」〔註8〕，以及廓庵「十牛圖頌」〔註9〕。此俱為宏觀描述、統攝禪理的修道次第，是體系化的修道次第形態。南宗參修，簡則簡矣，但步驟明確，無一不從具體實在的修行次第中來。

另外，從頓漸關係解析。這是探討禪宗有無修道次第的最核心環節：頓漸一旦對立，不但違背禪意，更使研究者的視野陷入頓、漸二種邊見，出現「禪宗無修道次第」的判別。從禪宗本旨來看，「法無頓漸。」〔註10〕頓、漸只是方便，均為通達究竟而說，二者並不對立，實乃一體而不可分。下文從頓漸關係之三方面展開來談。

一者，理需頓悟而事需漸除。《首楞嚴經》說：「理則頓悟乘悟並銷，事非頓除因次第盡。」〔註11〕這是南北禪宗一以貫徹的觀點。如果細分，頓悟主要有三層意思：悟知自性之存在、當下顯用自性、直接親證自性。三層意思，分別側重理悟、初證、徹證，本身就是一個由淺到深的次第關係。這符合禪宗修行的基本規律：人人都可以頓悟，但限於業力的主宰作用，即使頓見自性，也還需要一個保任、圓融的漸次過程才可徹底證悟智慧。這並不是說「不存在頓悟」，而是指

〔註7〕 關於「二入四行」，《菩提達磨大師略辨大乘入道四行觀》說：「夫入道多途，要而言之不出二種：一是理入，二是行入。理入者謂藉教悟宗，深信含生同一真性，但為客塵妄想所覆不能顯了。若也捨妄歸真，凝住壁觀，無自無他，凡聖等一堅住不移，更不隨文教。此即與理冥符無有分別，寂然無為名之理入。行入謂四行，其餘諸行悉入此中。何等四耶？一報冤行，二隨緣行，三無所求行，四稱法行。」（見《卍續藏》第63冊，第1頁。）

〔註8〕 「百丈清規」可視為關於禪門戒律的修道次第體系。

〔註9〕 廓庵禪師描繪《十牛圖》的次第十頌為：「尋牛第一：忙忙撥草去追尋，水闊山遙路更深。力盡神疲無處覓，但聞楓樹晚蟬吟。見跡第二：水邊林下跡偏多，芳草離披見也麼。縱是深山更深處，遼天鼻孔怎藏他。見牛第三：黃鸝枝上一聲聲，日暖風和岸柳青。只此更無迴避處，森森頭角畫難成。得牛第四：竭盡神通獲得渠，心強力壯卒難除。有時纔到高原上，又入煙雲深處居。牧牛序五：鞭索時時不離身，恐伊縱步入埃塵。相將牧得純和也，羈鎖無抑自逐人。騎牛歸家第六：騎牛迤邐欲還家，羌笛聲聲送晚霞。一拍一歌無限意，知音何必鼓唇牙。忘牛存人第七：騎牛已得到家山，牛也空兮人也閒。紅日三竿猶作夢，鞭繩空頓草堂間。人牛俱忘第八：鞭索人牛盡屬空，碧天寥廓信難通。紅爐焰上爭容雪，到此方能合祖宗。返本還源第九：返本還源已費功，爭如直下若盲聾。庵中不見庵前物，水自茫茫花自紅。入廛垂手第十：露胸跣足入廛來，抹土塗灰笑滿腮。不用神仙真秘訣，直教枯木放花開。」（見廓庵：《十牛圖頌》，《卍新續藏》第64冊，第773～775頁。）

〔註10〕 〔唐〕惠能：《壇經》：《大正藏》第48冊，第358頁。

〔註11〕 《首楞嚴經》，《大正藏》第19冊，第155頁。

頓漸關係很微妙，需要辯證來看，「事」中「理」中，漸次無處不在。

二者，頓漸相依。「法不孤起，仗緣而生」〔註12〕，頓悟發生在具體的次第方法中。從之上對頓悟含義的分析也可以看出，不同階段有不同「頓悟」。縱觀佛教三藏、諸宗典籍，「昔迦文為大士言六度，為中根言十二因緣，為小根言四聖諦，是知光明寂照遍河沙，凡聖含靈共我家，無字句中生字句，半岩風雨散天花。蓋接引眾生，同證無上。如日出時，眠者俱作，如雷霆時，蟄者皆動，則隨緣說法之因果無量也。」〔註13〕既因人而設教，自然必有其次第屬性。而頓悟，就發生在這些修行實踐中。無漸次修行之「緣」，必不構成頓漸諸法；無豁然頓斷之果，必無真正空無之成就。如僅限於概念，孤立地從「頓悟」「漸次」來自證，必然陷入偏失。是故頓漸之法，相依而在。

三者，頓漸相破。當從「方法」的角度來談頓漸，頓悟固然暢快直截，但應該分清禪宗力舉頓悟的基本背景和用意。頓悟之說並非始自禪宗，早期佛教就一直在宣講此基本道義。佛教傳播史上，頓漸二法一直在交互對斥，靈活解決問題，避免偏執一邊。如神秀一系，長期偏好次第，修行中難免形成執著。這需要相應的對治方法來對破、提升。而恰好，惠能頓門禪應時而生。換言之，當頓門禪產生一定弊病時，漸法的「破空」作用就表現出來了。這一點，圭峰宗密講述得很清楚：「曁乎法久成弊，錯謬者多，故經論學人疑謗亦眾。原夫佛說頓教漸教，禪開頓門漸門，二教二門各相符契。今講者偏彰漸義，禪者偏播頓宗，禪講相逢胡越之隔。宗密不知宿生何作薰得此心，自未解脫欲解他縛。為法忘於軀命，愍人切於神情，每歎人與法差，法為人病。故別撰經律論疏，大開戒定慧門，顯頓悟資於漸修，證師說符於佛意。」〔註14〕宗密指出了頓漸在各自傳播中的流弊，並說要立志於以頓漸互破來調和這些問題。禪宗是從更為宏觀的自性中道視角來審視頓漸的，能清楚地看到頓漸的深層關係和交互作用。

也即，頓、漸本來就是構成次第的兩種元素，不能因為講究「頓悟」就簡單地判定禪家無修道次第。至此可知，禪宗依靠修道次第而形成、存在、傳播、演變，它具有獨特的修道次第系統。至於其體系結構、內容，留待後文梳理。

〔註12〕〔唐〕希運：《黃檗斷際禪師宛陵錄》，《大正藏》第48冊，第385頁。
〔註13〕〔清〕周正儒：《二隱謐禪師語錄序》，〔清〕僧謐：《二隱謐禪師語錄》卷一，《嘉興藏》第28冊，第471頁。
〔註14〕〔唐〕宗密：《禪源諸詮集都序》，《大正藏》第48冊，第399頁。

二、禪宗對根器利鈍的判別

對於禪宗的「根器」問題，似乎已經形成一種共識，即分為上上根器、上根、鈍根等多種。從佛教的實際教學效果看，根器的利鈍的確是一種很明顯的現象。唐代窺基《瑜伽師地論略纂》云：

> 有利鈍二人，起無間解脫道。若利根人，第九無間道居近分，與捨相應。第九解脫道居根本定，與樂喜相應。若鈍根人，第九無間道居近分，與捨相應。心鈍以不能速疾入根本定與喜樂相應。其第九解脫，即居近分定，與捨相應。今此文言第七作意入根本定者，即約利根人，速疾能入根本，與樂等相應。此第七作意。〔註15〕

引文明確提出，「若利根人」，很快就可以悟入「第九解脫道居根本定，與樂喜相應」，然而鈍根之人，「心鈍以不能速疾入根本定與喜樂相應」。

禪宗的重要經典《壇經》也說：「人性自有利鈍，迷人漸修，悟人頓契。」〔註16〕並且，最為明顯的例子當數禪宗和淨土宗的修持法門，目前的主要論斷是，禪宗是上根利智修學的，而淨土宗是一切根器，尤其是鈍根人修的。這無形之中就造成了一種利鈍分別觀念。

不過，對這個問題的分析，並不像「性三品」或「性善惡」那麼絕對。從佛教思想的大背景來說，一切眾生，佛性平等，不存在高下的區別。然而根器利鈍這個問題，並不涉及佛性本體的平等。以上所引惠能語，原句中還有更深刻的說明：「本來正教，無有頓漸，人性自有利鈍。迷人漸修，悟人頓契。自識本心，自見本性，即無差別。所以立頓漸之假名。」〔註17〕惠能也認為，正教的根本，是沒有利鈍的，只是因人後天的反應機制，對禪法的領悟存在快和慢的區別。所以就立出了利鈍的假名。

既然還是有利頓之分，又何為利根？弘忍《最上乘論》中說：「眾生過去根有利鈍不可判。上者一念間，下者無量劫。若有力時隨眾生性起菩薩善根，自利利他莊嚴佛土。」〔註18〕從這句話看，能夠「一念間」就開悟的，即是上根「上者」。而《宗鏡錄》也說：

> 是般若波羅蜜相，甚深難解難知。佛知眾生心，根有利鈍。鈍根者少智，為其重說。若利根者，一說二說便悟。不須種種說。譬

〔註15〕〔唐〕窺基：《瑜伽師地論略纂》，《大正藏》第43冊，第120頁。
〔註16〕〔唐〕惠能：《壇經》，《大正藏》第48冊，第352頁。
〔註17〕〔唐〕惠能：《壇經》，《大正藏》第48冊，第352頁。
〔註18〕〔唐〕弘忍：《最上乘論》，《大正藏》第48冊，第378頁。

如馭馬，下一鞭便走，駑馬多鞭乃去。如是等種種因緣故，經中重說無咎。〔註19〕

大明延壽的意思是，佛教的波羅蜜智慧，甚深難解。鈍根之人，佛陀不得不重說數遍，而利根者，聽一兩遍就已經理會了甚深智慧。他還用了一個易懂的譬喻：駑馬要數次鞭策，才會行走，而良馬下一鞭就飛快奔跑。

從以上所引句子看，所謂利根鈍根的含義，並不存在絕對的界限。有的是從理解力上說，有的則從品質上說，而最為重要的，「利根」應該是指可以「一心修佛」，很少受思維妄念干擾的人。這樣一說，其實利鈍之說，與人們的智力沒有必然的關係。正如惠能所言：下下人有上上智，上上人有莫意智。

三、禪宗對坐禪與否的態度

禪宗關於坐禪的論說體系極為發達，同時也是充滿論爭的地方。從禪宗的思維來講，坐禪是一種很重要的禪悟輔助手段。自達摩始，坐禪的地位就顯得很重要，研習者們也常常將達摩九年面壁的公案作為例證。如果從坐禪本身來說，早在禪宗尚未產生之時，就受到佛教各家的重視，佛經上也講：「復次修法念處，應勤坐禪，久久修習，得一切定解脫三昧如意神通。」〔註20〕修法念處，要經常精進坐禪，才可以得到「法」的如意神通。不過，從惠能禪起，因為坐禪常常成為禪者的一種執意追求，禪家對坐禪，常會表現出一些否定態度。例如《馬祖道一禪師廣錄》記載：

> 唐開元中，（道一）習定於衡嶽傳法院，遇讓和尚。知是法器，問曰：「大德坐禪圖什麼？」師曰：「圖作佛。」讓乃取一磚，於彼庵前磨。師曰：「磨磚作麼？」讓曰：「磨作鏡。」師曰：「磨磚豈得成鏡？」讓曰：「磨磚既不成鏡，坐禪豈得成佛耶？」師曰：「如何即是？」讓曰：「如牛駕車，車不行，打車即是？打牛即是？」師無對。讓又曰：「汝為學坐禪？為學坐佛？若學坐禪，禪非坐臥。若學坐佛，佛非定相。於無住法，不應取捨。汝若坐佛，即是殺佛。若執坐相，非達其理。」師聞示誨，如飲醍醐。〔註21〕

懷讓的立足點，是佛性。按照他的意思，「佛非定相」，並不是坐相可以證得的。執著於「坐佛」就是殺了佛，「若執坐相，非達其理。」

〔註19〕〔宋〕大明延壽：《宗鏡錄》，《大正藏》第 48 冊，第 954 頁。
〔註20〕〔陳〕慧思：《諸法無諍三昧法門》，見《大正藏》第 46 冊，第 640 頁。
〔註21〕〔唐〕道一：《馬祖道一禪師廣錄》，《卍續藏》第 69 冊，第 2 頁。

這不僅是和惠能禪呼應的問題，這和一切佛經都是相應的。其主旨是：一旦執著於某種具體的形象，就不可能達到佛性了。這種觀點漸漸變化，在一定時候，形成了一股反坐禪的風潮。尤其是兩宋之間，因文字禪、禪趣的禪學趨向，堅持坐禪觀的佛學者並不多。

不過，從整個禪宗史上看，也有一些人持坐禪無礙參修成佛的觀點。例如，《松源崇岳禪師語錄》中記載：

> 上堂，舉：靈觀和尚常閉門坐。一日，雪峰敲門，觀便開門。
> 峰搊住云：「是凡是聖？」觀乃唾云：「這野狐精。」拓開，又閉卻
> 門。雪峰云：「也要識老兄。」〔註22〕

靈觀和尚經常閉門坐禪，一天雪峰和尚去敲開門問：「是凡是聖？」靈觀和尚罵道：「這野狐精。」於是關上了門。從這則公案看，靈觀坐禪，是不妨礙佛性顯現的。雪峰想試探一番，卻反被他詰難了。

後來著力提高禪坐地位的，是曹洞宗的默照禪。據傳，默照禪倡舉人宏智正覺晝夜不眠，與眾危坐。但總體而言，著重從心性上闡釋禪法精髓的，在禪宗又更占主流。

實際上，禪宗對禪坐的觀點也很明主，判別取捨的唯一標準在於：禪坐有沒有障礙佛性的作用。故而，有《證道歌頌》「往返三途何所恃，省覺由來在剎那，不必辛勤坐獲利」〔註23〕的不坐也禪，也有永嘉《證道歌》「行亦禪坐亦禪」之類的坐臥無礙。在他們看來，禪不在坐臥，卻也可以在坐臥。

對於禪宗自身，坐禪依然是其思想體系的一種重要構成。但是，從惠能的南宗禪開始，由於強調心性的主體作用，坐禪的地位明顯下降。從禪宗追求出世智慧的角度來說，禪坐只是修持的一部分，更為重要的是，他們更側重於建立一套完整精緻的禪法心性體系。於是在這一點上，又形成了關於取捨禪法的爭論。從中國文化傳統中的言意之辨開始（其實佛教中一直存在著言意關係的闡釋），尤其是在魏晉時期，很多研究者都認為，真正的佛教精神，不是語言行為可以表達出來的，而恰好是這些表層的行為阻礙了內涵的外化，形成一種障礙。實際上，「禪宗既不倡導片面的讀經，也不主張單一的禪定。因此，禪宗之禪不是禪定之禪，而是智慧之禪。」〔註24〕故而，坐禪是障礙，禪法也會

〔註22〕〔宋〕崇岳：《松源崇岳禪師語錄》，《卍續藏》第70冊，第93頁。
〔註23〕〔宋〕法泉：《證道歌頌》，《卍續藏》第65冊，第443頁。
〔註24〕彭富春：《禪宗的心靈之道》，《哲學研究》2007年第4期。

成為障礙。佛教經典中就有「法尚應捨，何況非法」「無色聲香味觸法」等對「法」的立破言說。

四、禪宗對有無定法的闡述

根本上講，禪坐也是一種法，只不過，大凡言及禪法，還是更為側重心性層面的智慧論述。從達摩到僧璨，因禪宗的聲勢尚弱，禪法並未形成龐大的傳播規模。當然，這並不是否定禪法體系的建構過程，而僅僅是從其社會影響上說。從道信開始，到弘忍開東山法門，禪法的主旨都是一樣。「道信在達摩禪法的展開中以及禪法的創立中所起的實際作用與所處的地位是特別值得重視的，他可以說是中國禪宗的實際創始人，奠定了禪宗的思想理論基礎。」〔註25〕他的禪法，無疑是繼承著達摩禪。達摩禪講究安心，觀心，例如那則著名的「安心」公案：

> 可曰：「我心未寧，乞師與安。」祖曰：「將心來，與汝安。」
> 可良久曰：「覓心了不可得。」祖曰：「我與汝安心竟。」〔註26〕

在這裡，頓悟禪的精神就已經顯露無遺，他講究瞬間的直接切入，似乎根本用不著「法」門。然而這本身就是達摩隨機就教的方法所在，只不過顯得不落痕跡罷了。而之後道信的《入道安心要方便法門》中，也如此論述禪法：

> 我此法要，依《楞伽經》，諸佛心第一。又依《文殊說般若經》，一行三昧，即念佛心是佛，妄念是凡夫。《文殊說般若經》又云：「文殊師利言：『世尊，云何言一行三昧？』佛言：『法界一相，繫緣法界，是名一行性三昧。若善男子善女人，欲入一行三昧，當先聞般若波羅蜜。如說修學，然後能一行三昧。如法界緣不退、不壞、不思議、無礙、無相。善男子善女人，欲入一行三昧，應處空閒，捨諸亂意，不取相貌，繫心一佛，專稱名字。隨佛方所，端正方向，能於一佛，念念相續，即是念中能見過去未來現在諸佛。』」〔註27〕

道信的禪法帶有魏晉時期「念佛禪」的影子。這種念佛禪，方法要旨在於「憶念」，即觀想，他將自己的法門闡述得具體而微，足見對「法」的重視。

在惠能處，禪法體系中沒有了關於「念」「憶」的成分，當然，也許是缺乏相關資料證明的緣故。他重點突出「一行三昧」的理路。然而，卻也顯得

〔註25〕洪修平：《禪宗思想的形成與發展》，江蘇古籍出版社，2000年，第99頁。
〔註26〕〔宋〕普濟：《五燈會元》卷一，見《卍續藏》第80冊，第40頁。
〔註27〕〔唐〕淨覺：《楞伽師資記》，見《大正藏》第85冊，第1286頁。

更為簡潔直接了。他說：「我此法門，以無住為本，無相為體」。對於一系列的「有為法」，他說「我不會佛法」，從現象層上否定了佛法的作用。這又是一個不取禪法的立論依據。不過，惠能在當前語境下的立意在於破除「法」作為一種固定形態帶來的弊端，保持「佛法是不二法」的清醒。而之後禪宗之所以出現五家七宗的繁盛期，還在於五家七宗都各自建立了自己的禪法特色。甚至，每一宗的內部，一代與另一代的禪法特色，都有很多獨特之處。從這點來看，禪法的重要性可想而知。而對於禪「不執著」之宗旨，各宗是不曾違背的。

例如，北宋真歇清了和宏智正覺所倡導的「默照禪」，他們強調：「默默忘言，昭昭現前。鑒時廓爾，體處靈然。靈然獨照，照中還妙。」〔註28〕並且，清了的禪法中甚至還雜有淨土法門。大慧宗杲也提倡看話禪，參看話頭。另外又有雲門、溈仰、法眼等各宗的修行法門，在對治煩惱的功效上，各有優勝。不過，禪宗的法門，其作用是為了證見本心，所以幾乎達成了如下共識：其一要親自修證，其二要不執著於任何法門。《四家語錄》有大量抨擊「講經僧」的事例，其中《馬祖語錄》載：

> 黃三郎有一日到大安寺廊下便啼哭，亮座主問：「有什麼事啼哭？」三郎曰：「啼哭座主。」座主云：「哭某等作麼？」三郎曰：「還聞黃三郎投馬祖出家，才蒙指示便契合？汝等座主說葛藤作什麼？」座主從此發心，便到開元寺。〔註29〕

「葛藤」喻指從枝枝蔓蔓上解說禪意，不得要領。黃三郎以哭的方式，告訴亮座主，禪不是講經講出來的，而是真參實修得到的。所以後來，亮座主也就到開元寺找馬祖道一修行去了。

真修行不是執著於形式，這又是禪宗講得最多的。《金剛經》說：「須菩提，說法者無法可說，是名說法。」〔註30〕要「一心不生，萬緣俱息。如或不然，隨有隨無，落斷落常，譬如捨父逃走也」。〔註31〕禪法的存在，禪宗並不反對，相反是他們造出來解決問題的工具。關於該問題的論爭核心，在於研究者都從方法本身來看問題，這無疑也陷入了有無之爭或者是以折衷主義居之。但是以上例證反覆表明：禪宗的取捨禪法，實際上是以「自性」的視

〔註28〕〔宋〕宏智正覺：《宏智禪師廣錄》，見《大正藏》第85冊，第98頁。
〔註29〕〔唐〕道一：《馬祖語錄》，邢東風輯校，中州古籍出版社2008年版，第14頁。
〔註30〕《金剛經》，見《大正藏》第8冊，第751頁。
〔註31〕〔宋〕賾藏：《古尊宿語錄》，見《卍續藏》第68冊，第209頁。

角來看的，是不同語境下的就教。而這種「不取不捨」，必須是要確證本性之後才可以做到的圓融。故而，禪宗的禪坐，或是禪法，都是為了確證絕對自性而因時因機設置的。

第二節　禪宗主要支系的修道次第綱要

禪宗體系龐大、支派繁多，貿然說禪宗如何如何並不足以客觀如實地囊括其全部，對於禪宗修道次第也是如此，只能從一定範圍內的具體對象中具體分析。此處僅選擇禪宗修道次第的主要支系以作說明。

一、達摩禪的「七種觀門」與「二行四入」

現代學界談禪宗，最易從惠能之後談起，以點帶面。實際上，從達摩到弘忍的所謂禪宗五位祖師均多有關於次第修道的論述。如《南天竺國菩提達摩禪師觀門》中即有相應記載：

> 問：「何名禪法？」答曰：「禪法從通有次第，初學時從始終有七種觀門。第一住心門，第二空心門，第三無門，第四心解脫門，第五禪定門，第六真妙門，第七智慧門。」〔註32〕

其中明確說「禪法從通有次第」，初學應該按照心門、空心門、無門、心解脫門、禪定門、真妙門、智慧門之七種觀門來次第進入。並且，在緊接的論述當中，《南天竺國菩提達摩禪師觀門》還詳細解釋了七種觀門的內蘊甚或具體做法：

> 住心門者，謂心散動攀緣不住，專攝念住更無去動，故名住心門。空心門者，謂看心轉追覺心空寂，無去無來無有住處，無所依心，故云空心門。心無相門，謂心澄淨無有相貌，非青非黃非赤非白，非長非短非大非少，非方非圓湛然不動，故名無相門。心解脫門者，知心無繫無縛，一切煩惱不來上心，故名心解脫門。禪定者，西域梵音，唐言靜慮，覺心寂靜，行時住時坐時臥時皆悉寂靜無有散動，故名寂靜。真如門者，覺心無心等同虛空，遍周法界平等不二，無千無變，故名真如門。智慧門者，識了一切名之為智，契達空源名之為慧，故名智慧門，亦名究竟道，亦名大乘無相禪觀門。

〔註32〕〔梁〕達摩：《南天竺國菩提達摩禪師觀門》，《大正藏》第85冊，第1270頁。

則是修禪學道故，禪有七種觀門。〔註33〕

論著對七種觀門的詳述，其實是各種觀門的修持指導及成就量化標準，也就是說，七種觀門不但提出了七門綱要，還配設以相應解釋、修法，由此形成了一個較為完備的觀修次第系統。

相對於「七種觀法」，達摩禪更為推重也更為人知的修道次第是「二入四行」。《菩提達摩大師略辨大乘入道四行觀》中說：

夫入道多途，要而言之不出二種：一是理入，二是行入。理入者謂藉教悟宗，深信含生同一真性，但為客塵妄想所覆不能顯了。若也捨妄歸真，凝住壁觀，無自無他，凡聖等一堅住不移，更不隨文教。此即與理冥符無有分別，寂然無為名之理入。行入謂四行，其餘諸行悉入此中。何等四耶？一報冤行，二隨緣行，三無所求行，四稱法行。〔註34〕

此為達摩禪法修學要綱，其中強調修行無非從理入、行入。理入廣學深解佛門教言，藉以參悟禪宗心髓；行入即按報冤行、隨緣行、無所求行、稱法行來踏實行持。〔註35〕《達摩四行觀》雖未固定必須先理後行、先行後理

〔註33〕〔梁〕達摩：《南天竺國菩提達摩禪師觀門》，《大正藏》第85冊，第1270頁。

〔註34〕〔梁〕達摩：《菩提達摩大師略辨大乘入道四行觀》，《卍新續藏》第63冊，第1頁。

〔註35〕「四行」的具體內容及相應實踐方法，《達摩四行觀》中闡釋得極其詳盡，錄如下：「報冤行，謂修道行人若受苦時，當自念言：『我往昔無數劫中棄本從末，流浪諸有，多起冤憎，違害無限。今雖無犯，是我宿殃，惡業果熟，非天非人所能見與，甘心甘受都無冤訴。』經云：『逢苦不憂。』何以故？識達故，此心生時與理相應，體冤進道。故說言報冤行。二隨緣行者，眾生無我，並緣業所轉，苦樂齊受，皆從緣生。若得勝報榮譽等事，是我過去宿因所感，今方得之，緣盡還無。何喜之有？得失從緣，心無增減。喜風不動，冥順於道。是故說言隨緣行。三無所求行者，世人長迷，處處貪著，名之為求。智者悟真，理將俗反。安心無為，形隨運轉。萬有斯空，無所願樂。功德黑暗，常相隨逐。三界久居，猶如火宅。有身皆苦，誰得而安。了達此處，故捨諸有，止想無求。經曰：『有求皆苦，無求即樂。』判知無求，真為道行。故言無所求行。四稱法行者：性淨之理，目之為法。此理眾相斯空，無染無著無此無彼。經曰：『法無眾生，離眾生垢故。法無有我，離我垢故。』智者若能信解此理，應當稱法而行。法體無慳身命財，行檀捨施心無悋惜，脫解三空，不倚不著，但為去垢。稱化眾生而不取相，此為自行復能利他，亦能莊嚴菩提之道。檀施既爾，餘五亦然。為除妄想，修行六度而無所行。是為稱法行。」（見《菩提達摩大師略辨大乘入道四行觀》，《卍新續藏》第63冊，第1頁。）

或理行共進，但這恰好是其獨特性的體現：達摩禪的修道次第，頓悟禪心為先，有隨機變化的靈活性，但也必須切實遵從一般程序，如實修證。

按照學界的某些觀點，《達摩觀門》與《達摩四行觀》乃達摩後學託名為之，不見得是達摩本人所著。即使如此，兩篇著作仍為達摩禪系的觀點，乃為詮解達摩禪旨，亦可見達摩禪修道次第之一斑。達摩禪在突出頓悟本心的同時，一直強調漸次修行，建構了一個頓悟本心與漸次修行一體化的修道次第體系。這一點，之後的慧可、僧璨、道信、弘忍等人的著述或傳承中，都有一定程度的體現，此處不再一一俱說。

二、北宗禪的「時時勤拂拭，勿使惹塵埃」

據以《壇經》為代表的南宗禪典籍記載，神秀在接受弘忍考驗時寫下了詩偈「身是菩提樹，心如明鏡臺。時時勤拂拭，勿使惹塵埃」〔註36〕，呈現了自己對禪法的總體理解。這一度被視為北宗禪的修行特質，即次第漸修。此處暫不論北宗禪是頓是漸，或評判者是否執於頓漸對立，只著重梳理以神秀為代表的北宗禪修道次第綱要。

在《大乘無生方便門》中，神秀具體教授了如何參禪修行：

各各胡跪合掌，當教令發四弘誓願：眾生無邊誓願度，煩惱無邊誓願斷，法門無盡誓願學，無上佛道誓願證。

次請十方諸佛為和尚等。

次請三世諸佛菩薩等。

次教受三歸。

次問五能：一者，汝從今日乃至菩提能捨一切惡知識不？（能）二者，親近善知識不？（能）三能坐持禁戒乃至命終不犯戒不？（能）四能讀誦大乘經問甚深義不？（能）五能見苦眾生隨力能救護不？（能）

次各稱己名，懺悔罪言過去未來及現在身口意業十惡罪：我今至心盡懺悔，願罪除滅，永不起五逆罪障重罪。（准前）譬如明珠沒濁水中，以珠力故水即澄。清佛性威德亦復如是，煩惱濁水皆得清淨。

〔註36〕〔唐〕惠能：《壇經》，《大正藏》第 48 冊，第 348 頁。

汝等懺悔竟三業清淨，如淨瑠璃內外明徹，堪受淨戒菩薩戒，
是持心戒，以佛性為戒。性心瞥起即違佛性，是破菩薩戒。護持心
不起即順佛性，是持菩薩戒。（三說）

次各令結跏趺坐，同佛子心湛然不動是沒。言淨，佛子諸佛如
來有入道大方便。〔註37〕

神秀所教授的「大乘無生方便門」次第非常清晰而具有邏輯性：第一，
要求受眾靜心合掌跪坐，發四弘誓願以堅定禪修信心；第二，帶有神秘成份
地祈請十方諸佛前來護持；第三，祈請諸佛菩薩來教授歸依佛、歸依法、歸
依僧之三歸依；第四，令受眾反問能否持捨惡知識、親近善知識、持禁戒、
誦大乘深經、救護眾生之「五能」，並要求堅定地回答「能」，以進一步修持、
踐行大乘理念；第五，三念懺悔真言，清淨身口意三業，從而真正進入守禪
心戒、菩薩戒之正真戒境；第六，結跏趺坐，進入禪坐修持。

此外，北宗禪典籍《通一切經要義集》所載次第構架、修持模式也和《大
乘無生方便門》異曲同工：

各各胡跪合掌，當教令發四弘誓願。

次請十方諸佛為和尚等。

次請三世諸佛菩薩等。

次教受三歸了。

次問五能：

「一者，汝從今日至菩提能捨一切惡知識不？」

答：「能。

「二者，能親近善知識不？」

（答）：「能。」

「三，能坐持禁戒乃至命終不犯戒不？」

（答）：「能。」

「四，能讀誦大乘經問甚深義不？」

（答）：「能。」

「五，能見苦眾生隨力能救護不？」

（答）：「能。」

次各各稱已名懺悔罪，言：

〔註37〕〔唐〕神秀：《大乘無生方便門》，《大正藏》第85冊，第1273頁。

「通去、未來及見在，身、口、意業十惡罪。我今至心盡懺悔，罪除滅永不起。」

（問）：「五逆罪障，重罪？」

（答）：「准上。譬如明珠沒濁水中，以珠力故，水即澄清。佛性威德亦復如是，煩惱濁水皆得清淨。」

「汝等懺悔竟，三業清淨如淨琉璃，內外明澈，堪受淨戒。菩薩戒是持心戒，覺起心即□□□心能不？」

三問三答

（答）：「能。」

次各令結跏趺坐。

問：「佛子，心湛然不動是麼？」

答言：「淨。」

佛子，若諸佛如來有入道大方便，一念淨心，頓超佛地。

三說。

和尚擊木，一時念佛。

次當迴向發願。

發願了。

問言：「看是麼？」

子答：「一物不見。」〔註38〕

此中所述，在綱要上也與《大乘無生方便門》同趣，但細節上則豐富很多，直接體現了北宗禪修道次第的運用。其具體次第是這樣的：各各胡跪合掌，教令發四弘誓願→次請十方諸佛為和尚等→次請三世諸佛菩薩等→次教受三歸→次問五能→次各各稱已名懺悔罪→次各令結跏趺坐→次念佛（禪師隨機加入）→次迴向發願→願畢參究。如此步驟，一一嚴謹做足，禪之修持也就實際體現在此間。

唐代李慧光集釋的《大乘開心顯性頓悟真宗論》（《頓悟真宗論》）在闡述北宗禪修次第時也顯得非常精細：

夫大道融心，顯實一理。前後賢聖，唯趣此門。悟者三界唯心，不悟隨眠耶。正大乘宗，定對相顯。真了悟者知諸法寂然，因緣立

〔註38〕佚名：《通一切經要義集》，見韓傳強：《禪宗北宗敦煌文獻錄校與研究》，江蘇人民出版社，2018年，第139～141頁。

事，假合成名。不了者著名住字，取想奔耶。若欲攝妄歸真，染淨
平等者，要須注意觀心。本覺自現，意觀有力，仍不出意念到彼岸，
常入甚深禪定。久習不已，自然事是皆畢。若觀處有事，漸漸向真，
縱放身心，虛豁其壞。起作恒寂，不像而照。任運三昧，溫道育德，
資成法身。返悟心源，無妨無礙。體若虛空，名無邊三昧。心無出
入，名無寂三昧。於一切有處淨無求，名不思議三昧。三昧不昧，
不從緣起，名法性三昧。一切學者但求其解，不求自證，若欲修習
大乘者，不解安心，定知悟失。〔註39〕

　　《頓悟真宗論》主體內容由大照禪師與李慧光的問答而構成，集中談論
觀心、禪定、三昧等修持環節。文中署名之「大照」並無更多信息，綜合推
論，應該是神秀的弟子普寂，普寂曾被官方授以「大照禪師」稱號。而李慧
光，則先後跟隨弘忍弟子「老安」（道安、慧安）、惠能弟子神會修學。之所
以將之視為北宗後學，很大原因是神秀、老安關係甚密，神秀逝後，老安續
接住持玉泉寺，某種程度上也被視為北宗代表性人物。李慧光作為其弟子，
又跟大照禪師修學問對，故被歸屬北宗。《頓悟真宗論》實際上記述了一個
次第結構：悟不悟者→解安心義→著力觀心→修習禪定→任運三昧。這其實
也是一般禪門要求的基本修道次第。

　　以上可說是神秀北宗的禪修次第概要。可看出「次第漸修」為其主要內
容，但同樣也強調從「真實解脫、甚深涅槃」「頓悟」的高度講說禪法。故
而修道次第乃因機而說，不以頓漸為對立。如果某種修行體系是邪法、外道、
不究竟法，當然就不能稱作修「道」次第。此處既然整理出了神秀北宗禪的
修道次第，顯然也就認為神秀禪法能見大智，得大通，證涅槃。筆者並不敢
妄斷古賢禪法之是非長短，但對一切法都持尊重態度。從形式上來講，神秀
禪的確符合「時時勤拂拭」的歷史評價。不過，因此就定斷神秀禪不夠究竟，
只怕還是研究者、評判者陷入了人我取捨的觀念分別。人我觀念，這正是禪
修次第所要破除的障道執持。一個宗派、某位禪師的禪法真髓，往往隨著歷
史際遇、個人聲名而顯隱，後人所見所評者，往往不是禪髓本身，而是「自
我」的運作、延伸。縱觀神秀北宗著述，其禪亦是先立本心，然後以實修次
第逐步通達。所謂與惠能南禪不同者，竊以為並非境界，而是入手處及後人
之評斷存在差異。其實，南禪北禪面前，核心不在禪法孰優孰劣，而在個人

〔註39〕〔唐〕慧光：《大乘開心顯性頓悟真宗論》，《大正藏》第85冊，第1278頁。

能修持到多深果境。試想：按神秀教法果真無人可成就？而依惠能頓門就人人能解脫？研究者對大乘小乘、南禪北禪的高下判斷，多由個人好惡、修道眼界所致。如從禪法的基本理路看，頓漸因緣而有，執於漸者，以頓慧破之，執於頓者，以漸慧破之，故而北宗禪修道次第還是有其特殊境趣的。

三、南宗禪的「立亦得，不立亦得」

一般以為南宗既強調頓斷，自然就意味著不講次第漸修。然考南宗諸家，次第之實，俯拾即是。如其最重要的經典《壇經》雖多次強調當下頓見，但仍有次第修道之言行。整體來看，「證悟本心」是整部《壇經》的根本性目標，一切修行次第的最終歸宿就是認識並體證此本心，此本心是南禪所追求的終極智慧存在。在《壇經‧行由品》中，弘忍對門徒們說：「不識本心，學法無益。」〔註40〕從弘忍的表達來看，並未絕對說一定要先認識本心才可以往下修行，而是強調認識本心的重要性。不識本心，學法也就屬於盲目，不可能最終證悟根本智。但其說也從另一個側面體現了「識本心」的基礎性地位。具有了這明確的、關鍵性的一步之後，才有參悟、坐禪、明理、見性等一系列的展開。否則，即使是親見了此「心」，也不可能徹底消除業力乃至圓融無礙。

至於所謂的修道次第，惠能說：

> 自性無非、無癡無亂，念念般若觀照，常離法相，自由自在，縱橫盡得，有何可立？自性自悟，頓悟頓修，亦無漸次，所以不立一切法。諸法寂滅，有何次第？〔註41〕

惠能強調的是南禪頓悟之機，無須立次第之說。然而凡事因緣而論，他又說：

> 見性之人，立亦得，不立亦得，去來自由，無滯無礙。〔註42〕

言下之意，見性之人，立亦得，不立亦得；對未見性者，則不得不立。在實際情況中，針對不同的根器，南禪終究還是建立了大量的修道次第。

南禪最明顯的修道次第，當屬惠能親自帶領眾弟子實踐之法。其中雖有頓悟識心的基本觀念，但卻做足了修行程序。惠能禪強調不拘任何形式的當下頓入，基於此，大多數研究者的結論是連坐禪也應否定。很難想像，惠能禪還會和神秀禪法一樣講究次第，甚至還會動用一些程式化的修行方法。但

〔註40〕〔唐〕惠能：《壇經》，《大正藏》第48冊，第349頁。
〔註41〕〔唐〕惠能：《壇經‧懺悔品》，《大正藏》第48冊，第358頁。
〔註42〕〔唐〕惠能：《壇經‧懺悔品》，《大正藏》第48冊，第358頁。

其實，正因為惠能禪的不拘形式，靈活多變，才可以在一切法中顯現自性。《壇經・懺悔品》中，惠能講述了一套關於修行的標準化程序，將修行融於佛教固定儀式。他首先對各方聽眾說：「今可各各胡跪，先為傳自性五分法身香，次授無相懺悔。」〔註43〕從邏輯上來說，「胡跪→傳自性五分法身香→授無相懺悔」顯然也是一個次第。惠能不是不講次第，而是「因時而講」。然後，按照一定程序步驟，他為大眾講述了「自性五分法身香」，即「戒」「定」「慧」「解脫」「解脫知見」分別所對應的「五種香」。所謂「香」是一種功德的譬喻，即成就了此種種功德。此五分法身香的大概內容為：戒香，是「心中無非無惡，無嫉妒無貪無劫害」。定香，是「睹諸善惡境界，自心不亂」。慧香，是「自心無礙，常以智慧觀照自性，不造諸惡。雖修眾善，心不執著。敬上念下，矜恤孤貧」。解脫香，是「自心無所攀緣，不思善，不思惡，自在無礙」。解脫知見香，是「自心既無所攀緣善惡，不可沉空守寂。即須廣學多聞，識自本心，達諸佛理。和光接物，無我無人。直至菩提，真性不易。」〔註44〕《壇經》中，惠能又補充說五種香是自性真香，是功德香，必須是內心自性工夫的顯現，向外尋找是不可能得到的。惠能對自性五分法身香的講解實際上是先引導眾人端正態度，為之後的各個修持步驟作準備，是一種修道次第之首。之後的次第步驟非常明顯，從《懺悔品》經意歸納，依次是「無相懺悔」「發四弘誓願」「無相三歸依戒」「一體三身自性佛」，也就是說，惠能在講述這種法時有一個極其明顯的道次第模式，可以標示為：「自性五分法身香→無相懺悔→發四弘誓願→無相三歸依戒→修一體三身自性佛。」

從《壇經》的敘述來看，惠能其實是將以上各個步驟當做修行方法來處理的，每一個步驟都是一個獨立的修行方法。他令徒眾「胡跪」「淨心」，一遍又一遍地依照其暗示來做。按其用意，當然是般若觀照下的次第法運作，是修用一體，既是果，也是因，又超越因果。合符其頓悟禪法旨趣，是大智慧之妙用。如果對照神秀《大乘無心方便門》來看，可發現惠能所導引的這種次第與神秀者如出一轍，這應該是同師弘忍，繼承達摩禪的緣故。這也說明，惠能未曾離棄次第修道而無端設定一個不可能達到的「本心」。

將南禪修道次第演繹成一方風骨的禪脈並不善少，如曹洞宗的「五位君臣」也是較有代表性的修道次第。洞山良價《五位君臣頌》云：

〔註43〕〔唐〕惠能：《壇經》，《大正藏》第 48 冊，第 353 頁。
〔註44〕〔唐〕惠能：《壇經》，《大正藏》第 48 冊，第 353 頁。

正中偏，三更初夜月明前，莫怪相逢不相識，隱隱猶懷舊日嫌。偏中正，失曉老婆逢古鏡，分明覿面別無真，休更迷頭猶認影。正中來，無中有路隔塵埃，但能不觸當今諱，也勝前朝斷舌才。兼中至，兩刃交鋒不須避，好手猶如火裏蓮，宛然自有衝天志。兼中到，不落有無誰敢和，人人盡欲出常流，折合還歸炭裏坐。〔註45〕

據此看，洞山五位君臣之說顯然受石頭希遷《參同契》「明暗回互」思路的影響〔註46〕，不過卻發展成了自己非常成熟、明確的禪修五次第。「正」謂「本心」，是君；「偏」謂「個體」，是臣。頌詞之大意可作如下解釋：第一「正中偏」，即雖然自性本具，也知自性本有，但個體對之「相逢不相識」，尚處在迷執位。第二「偏中正」，喻指已穿破迷執，偶而得見「本心」，但仍然會因業力發作而迷頭認影，悟後迷。第三「正中來」，說明自性之「君」已常常顯現，個體自我已調順為「臣」。第四「兼中至」，「兩刃交鋒不須避」，證明君與臣、真我與自我已無對立，能顯現種種智慧之相，處在「好手」之大用層面。第五「兼中到」，不落有無對待，回歸日常無修、無用、無得、無失之大自在境。「君臣」五位關係形象描述了洞山禪法的進修階次，實際上就是一個調訓內心的步驟及過程，曹洞宗的絕大部分修道方法都是以此為綱要而展開的。

南禪所立其他次第還有多種，核心可作如下把握：一是直擊心意識，頓斷心念，即所謂「不立」。二是亦如「牧牛」一般，先識本心，次而徵心，再而訓練覺照，專念保任，自心純熟；又如以中觀對破之法，典型者如洞山良價一樣偏正回互，破除中邊執持；再如百丈懷海「禪門清規」，晦山戒顯《禪門鍛

〔註45〕〔唐〕良價：《瑞州洞山良價禪師語錄》，郭凝之編集，《大正藏》第47冊，第525頁。

〔註46〕石頭希遷《參同契》云：「竺土大仙心，東西密相付。人根有利鈍，道無南北祖。靈源明皎潔，枝派暗流注。執事元是迷，契理亦非悟。門門一切境，回互不回互。回而更相涉，不爾依位住。色本殊質象，聲元異樂苦。暗合上中言，明明清濁句。四大性自復，如子得其母。火熱風動搖，水濕地堅固。眼色耳音聲，鼻香舌鹹醋。然依一一法，依根葉分布。本末須歸宗，尊卑用其語。當明中有暗，勿以暗相遇。當暗中有明，勿以明相睹。明暗各相對，比如前後步。萬物自有功，當言用及處。事存函蓋合，理應箭鋒拄。承言須會宗，勿自立規矩。觸目不會道，運足焉知路？進步非近遠，迷隔山河固。謹白參玄人，光陰莫虛度。」（見希遷：《參同契》，《大正藏》第48冊，第327頁。）當然，良價「五位君臣」並不見得一定直承希遷《參同契》，因兩人同屬南宗，核心思路上還是為詮南禪旨，所謂影響，更多是表達方式的借鑒。二者雖有共同處，但各自特點也極為分明。

煉說》〔註47〕等。即所謂「立亦得」。總之，南禪就是因緣而說立不立。但是，無論其立不立、簡不簡，都基於實實在在的禪修功夫。故而也可負責任地說，即使頓法如南禪，也必須基於一定的修道次第而得。

四、淨土禪的「隨其心淨，則佛土淨」

「淨土禪」〔註48〕是禪宗在傳承過程中與淨土思想融合、演繹而成的文化現象，非常形象地體現了禪淨合流中的禪法特質。當然，從宗派歸屬劃分上看，「淨土禪」並非獨屬禪宗，其中亦凝聚了淨土宗的宗法氣象。其核心次第綱要如下：

首先，是「淨土禪」的立言及思想來源。關於「淨土禪」概念的來源，元代天如惟則《淨土或問》云：

> 佛不離念，感應道交現前見佛。既見樂邦之佛，即見十方諸佛。既見十方諸佛，即見自性天真之佛。既見自性天真之佛，即得大用現前。然後推其悲願，廣化一切眾生。此名淨土禪，亦名禪淨土也。〔註49〕

天如惟則認為，經過憶念諸佛，感應道交，即可見佛。所謂見佛即是見自性佛，如此徹見，如此大用，如此度眾生，就是「淨土禪」，亦名「禪淨土」。也就是說，二者名言雖有差異，但本質上是一回事，都落實在見性、用性、度眾生之上。這是當前可見最早的「淨土禪」「禪淨土」概念出處。

至於「淨土禪」的思想淵源，則早在佛教初期便已經得到強調和闡述。《佛說觀無量壽經》云：

> 是心作佛，是心是佛。諸佛正遍知海從心想知。〔註50〕

按《佛說觀無量壽經》所指，真正作佛者是「心」，一切大智慧、正遍知

〔註47〕《禪門鍛煉說》立禪修之十三次第：「堅誓忍苦第一、辨器授話第二、入室搜刮第三、落堂開導第四、垂手鍛煉第五、機權策發第六、寄巧回換第七、斬關開眼第八、研究綱宗第九、精嚴操履第十、磨治學業第十一、簡練才能第十二、謹嚴付授第十三。」實乃禪宗修道次第之較有代表性者。（見晦山戒顯：《禪門鍛煉說》，《卍新續藏》第63冊，第775～786頁。）

〔註48〕當前社會上出現了一些名為「淨土禪」的修法或實踐者。筆者申明：本書所論「淨土禪」，並不為任何個人和團體提供「淨土禪」的理論支持，而只是依據禪宗傳承過程中的「禪淨合流」現象做出客觀如實的學術闡述，以理清禪宗在此階段的「淨土禪」修道次第框架。

〔註49〕〔元〕天如惟則：《淨土或問》，《大正藏》第47冊，第302頁。

〔註50〕《佛說觀無量壽佛經》，畺良耶舍譯，《大正藏》第12冊，第343頁。

海從心而發。後來，淨土宗也將「是心作佛，是心是佛」作為念佛成就的根本理論依據之一。而將自心與淨土統攝關係論述得最為詳盡者，當屬《維摩詰經》：

> 如是，寶積！菩薩隨其直心，則能發行；隨其發行，則得深心；隨其深心，則意調伏；隨意調伏，則如說行；隨如說行，則能迴向；隨其迴向，則有方便；隨其方便，則成就眾生；隨成就眾生，則佛土淨；隨佛土淨，則說法淨；隨說法淨，則智慧淨；隨智慧淨，則其心淨；隨其心淨，則一切功德淨。是故寶積！若菩薩欲得淨土，當淨其心；隨其心淨，則佛土淨。〔註51〕

經文首先說但有「直心」，則能有「直行」，則能深入本心、調服心意，則能具足方便，進而成就眾生。由此，眾生所居之「佛土」就能夠清淨。相應地，眾生、說法、智慧、自心、功德都能得以清淨。按照這一邏輯，「實物淨土」的清淨與否，其根源還在於心的清淨。故而才有「隨其心淨，則佛土淨」的說法。

實際上，此處「佛土」的第一層含義，本指「實物淨土」，「實物淨土」乃屬諸佛菩薩唯心所造，是心性、智慧成就的產物。而第二層含義，則是指「常寂光淨土」或「唯心淨土」，已經等同於真正意義上的心性清淨。

此後，中土佛教也逐漸將「心淨」與「佛土淨」等同起來，建構了一般意義上的「淨土禪」。宋代僧人宗曉所編《樂邦遺稿》云：

> 會宗問曰：「經教有云：『智者熾然求生淨土。』禪集中有志公語曰：『智者知心是佛，愚人樂往西方。』是則修淨土者是愚人耶？」
> 答：「此或後人造語耳，縱是志公之言，蓋取唯心即佛之意，不取觀念彌陀。此名以理奪事故也。如先德曰：『若以理奪事，則無淨穢取捨之殊。若以事奪理，則有捨苦得樂之異。』應更問曰：『若事理一如，體非相奪，又作麼生？』答曰：『也知秖在秋江上。明月蘆花何處尋。』」〔註52〕

「樂邦」指淨土，是淨土宗的習慣性表達。按照引文之意，有些言說認為「智者知心是佛，愚人樂往西方」，這容易造成「修淨土者是愚人」的謬見。但實際上，所謂的智者愚者之說是語言方便相，其真實意蘊是「唯心即佛」，

〔註51〕《維摩詰經》卷上，鳩摩羅什譯，《大正藏》第14冊，第538頁。
〔註52〕〔宋〕宗曉：《樂邦遺稿》卷上，《大正藏》第47冊，第240頁。

而非實物的彌陀形象。這是從「本性之理」的視角看現象，所以才會不拘於語言，而直接說「心是佛」。從中也可見，從禪的視角看淨土，是以清淨本性統攝一切現象，以清淨心性為一切之因的。而從淨土宗的角度看淨土，也須是「事理一如，體非相奪」，超越對立，才可以真正實現證見本心。〔註53〕

　　另又有宋代永明延壽，是禪淨雙修的集大成者，其《禪淨四料簡》同等突出「禪」與「淨土」的重要地位。云：

一

有禪有淨土，猶如戴角虎；

現世為人師，來生作佛祖。

二

無禪有淨土，萬修萬人去；

若得見彌陀，何愁不開悟。

三

有禪無淨土，十人九蹉路；

陰境若現前，瞥爾隨他去。

四

無禪無淨土，鐵床並銅柱；

萬劫與千生，沒個人依怙。〔註54〕

　　此處，言語上看似乎是以「淨土」為宗而兼取「禪」，但實際上二者已經充分統合：其一，從方法層面來說，禪淨合一，所以如戴角虎，高效高成就。其二，從境界上來說，唯心淨土、常寂光淨土、實物淨土都須是心性徹證的產物，無此境界為指引、印證，禪與淨土之法均不會透澈。其三，四料簡總在強調禪與淨土在心性層面的徹證與會通，否則均不可成就，這一原理實際上通用於一切宗派。

　　在這類禪淨雙修、統攝思路的導向下，此後禪宗、淨土宗的合流已經非常成熟、充分，以至於可以用「淨土」來說「禪」，也可以用「禪」來說「淨土」。甚至如今的禪宗、淨土宗，均繼承有這種特質。而「淨土禪」，顯然就是禪宗

〔註53〕淨土宗也有「帶業往生」的觀點，但此說始終只是往生淨土，而未徹證三昧。真正成就，還須是見清淨心，自覺覺他，覺行圓滿才可。

〔註54〕在元明清諸多禪淨文獻中，均記錄《禪淨四料簡》係宋僧永明延壽所說，然實未見諸永明延壽著作。不過此處仍沿用諸家共識，認為此作源出延壽。

兼取淨土義理、境界之後的產物。

其次，是對「淨土禪」的實證。淨土禪既然是「是心作佛，是心是佛」「隨其心淨，則佛土淨」，那麼，如何確證這種淨土境界才是關鍵。關於這一內容。《壇經》中有非常具體的記載，惠能的弟子對「淨土與禪」的關係提出了疑問，而後惠能與之進行了詳細解答。云：

> 刺史又問曰：「弟子常見僧俗念阿彌陀佛，願生西方；請和尚說，得生彼否？願為破疑。」師言：「使君善聽，惠能與說。世尊在舍衛城中，說西方引化，經文分明去此不遠。若論相說里數有十萬八千，即身中十惡八邪，便是說遠。說遠，為其下根；說近，為其上智。
> 人有兩種，法無兩般；迷悟有殊，見有遲疾。迷人念佛，求生於彼；悟人自淨其心。所以佛言：『隨其心淨，即佛土淨。』」〔註55〕

韋刺史問惠能，他經常看到很多僧俗持念阿彌陀佛，發願往生西方。這種方式能否真正往生西方？惠能並未直接回答，而是舉例說佛陀曾在舍衛城中說過相關內容。經文中說，西方距此土並不遙遠。從物理上看，西方距離此地十萬八千里。隨後，惠能馬上又將這個「相說」問題轉向「心性」層面，將物理上的「十萬八千里」等同於心中的「十惡八邪」，消除十惡八邪，就能到達西方淨土，否則無法到達。惠能眼裏的「淨土」並不是一種實物，而是心性上的證境。做到「心淨」，則可通達清淨佛土。所以，關於能不能到達淨土的問題，惠能給出的答案是「迷人念佛，求生於彼；悟人自淨其心」。而且還引用《維摩詰經》的話語說「隨其心淨，即佛土淨」加以證明。

然而，如何才能去除心中「不淨」，獲得「清淨」？《壇經》又云：

> 佛向性中作，莫向身外求。自性迷即是眾生，自性覺即是佛。
> 慈悲即是觀音，喜捨名為勢至，能淨即釋迦，平直即彌陀。人我是須彌，貪欲是海水，煩惱是波浪，毒害是惡龍，虛妄是鬼神，塵勞是魚鱉，貪嗔是地獄，愚癡畜生。善知識，常行十善，天堂便至。除人我，須彌倒。去貪欲，海水竭。煩惱無，波浪滅。毒害除，魚龍絕。自心地上覺性如來，放大光明，外照六門清淨，能破六欲諸天。自性內照，三毒即除，地獄等罪，一時銷滅。內外明徹，不異西方。不作此修，如何到彼？〔註56〕

〔註55〕〔唐〕惠能：《壇經》，《大正藏》第48冊，第352頁。
〔註56〕〔唐〕惠能：《壇經》，《大正藏》第48冊，第352頁。

　　惠能再次闡述了佛在性中作，莫向身外求，真正的佛菩薩是淨自內心。所以，實現淨土禪的核要便是去除內心人我、貪欲、煩惱、毒害、虛妄、塵勞、貪嗔、愚癡。如此，心地上的覺性如來就能放大光明，照六門，破六欲，除三毒，滅地獄等。最終內外明徹，就能到達自性西方。在此意義上，惠能不但解釋了唯心淨土的真正含義，而且還提供了到達唯心淨土的有效方法。

　　明僧憨山德清也主張禪淨合流，他也大量講傳過確證自心淨土的方法。其《示慧鏡心禪人》中說：

　　　　吾佛說法，以一心為宗。無論百千法門，無非了悟一心之行。其最要者，為參禪念佛而已。而參禪乃此方從前諸祖創立，悟心之法。其念佛一門，乃吾佛開示三賢十地菩薩，總以念佛為成佛之要。十地菩薩，已證真如，豈非悟耶！然皆曰不離念佛念法念僧。善財參五十三善知識，第一德雲比丘，即單授以念佛解脫門。及至末後，參見普賢，為入妙覺善知識，乃專迴向西方淨土云：「親觀如來無量光，現前授我菩提記。」由是觀之，即華嚴為最上一乘，而修稱法界行，始終不離念佛。十地聖人，已證真如，尚不離念佛，而末法妄人，乃敢謗念佛為劣行！又何疑參禪念佛為異耶！是闕多聞，不知佛意，妄生分別耳！若約唯心淨土，則心淨土淨。故初參禪未悟之時，非念佛無以淨自心。然心淨即悟心也，菩薩既悟，而不捨念佛，是則非念佛無以成正覺。安知諸祖不以念佛而悟心耶？若念佛念到一心不亂，煩惱消除，了明自心，即名為悟，如此則念佛即是參禪。若似菩薩，則是悟後不捨念佛，故從前諸祖皆不捨淨土。如此則念佛即是參禪，參禪乃生淨土，此是古今未決之疑。此說破盡，而禪淨分別之見，以此全消。即諸佛出世，亦不異此說。若捨此別生妄議，皆是魔說，非佛法也。〔註57〕

　　憨山德清的意思是，在修行法門層面，禪與淨土念佛旨趣相同，故而說「念佛即是參禪，參禪乃生淨土」，立足在茲，則「禪淨分別之見，以此全消」。言下之意，確證淨土禪，首要乃在從根本境界上認清禪與淨土的一致性，此外則注重念佛與參禪融通而用。最終，到達一心不亂，煩惱消除，了明自心，確證自性本心之清淨。

〔註57〕〔明〕德清：《憨山老人夢遊集》卷九，福善編錄，《卍新續藏》第73冊，第522頁。

再次，是對「淨土禪」概念的立破。從內在境域的內通性看，不論淨土宗還是禪宗對「淨土禪之要」都極為推崇，當然，也因此存在一些不同見解。部分淨土宗徒眾常常會認為自身兼取禪宗，而且是回到佛教源頭式的兼取；一些禪宗信徒也常常會從自性淨土、唯心淨土的角度認為淨土與禪的最終歸趣一致，淨土禪屬於禪之究極。故而，也會出現「淨土禪」到底是屬於禪宗還是淨土宗的爭議和疑問。事實上，在淨土宗、禪宗各自的傳播歷程中，均已兼取淨土禪或相互兼取，淨土禪已成兩宗共道。爭議和疑問的根源不在淨土禪的歸屬問題，而是人心出於自身利益或價值認可而展開的判斷。如有學者認為：「禪和淨本來沒有差異。但據《壇經》或各種燈錄記載，即使同屬禪門的南北二宗，甚或各自內部都難免出現爭端。乃至今日，禪宗、蓮宗各派內部或彼此之間都對『禪淨』這個千古論題各執一詞。這種爭端的實質是自我執著的延伸。」〔註58〕所以，應對這一概念（準確地說是對概念背後的意識心念）進行既立又破。其更深一層的用意正如永明延壽所說：「但了惟心，見無所見。若取之則心外有境，便成魔事。若捨之則撥善功能，無門修進。」〔註59〕否則便會陷入淨土禪概念範疇、宗派歸屬等問題的執持。

上述內容只是禪宗各支系修道次第綱要之一斑。總體而言，達摩立禪之後，禪宗便一直講究修道次第，而且致力於修道次第之造設、建構。北宗推重「時時勤拂拭」之次第井然，南宗也以不同語言形式建立了諸多修道次第，淨土禪同樣熱衷於參禪念佛之次第演繹。當然，具體到如何立心、如何修行、如何拂拭，其次第就極為豐富了。如禪坐、觀修、參悟等法均須依次第而行。如前所說，禪宗看似「無次第」，然其法先立「本心」，後隨機演化、設計各種解脫道。如參話頭、默照、觀心等，每一種方法都強調直達本心，靈活透徹，化次第為至簡。

第三節　禪宗的代表性修道方法

禪宗到底有沒有修道方法？有人眼中的禪宗隨心所欲，泛泛而談，無法可言；也有人認為禪宗處處直指，無處不是，但問及如何具體修學，卻又語焉不詳，無處著落。此處筆者依據禪宗傳承，結合現代人心特點，歸納出了

〔註58〕吳正榮：《慧能的「淨土禪」觀新論》，《船山學刊》2010 年第 2 期。
〔註59〕〔宋〕永明延壽：《萬善同歸集》卷上，《大正藏》第 48 冊，第 962 頁。

二十一種代表性方法，以作禪宗修道次第的補詮。這些方法，並非憑空得來，正如惠能所言：「教是先聖所傳，不是惠能自智。」筆者僅僅是循著禪宗的立法用意且結合今人的身心問題加以歸納解說。另外，這些方法雖說次第已明，但依然只是簡要步驟，且可隨緣變化，至於詳細運用、修學，尚需踏實琢磨，專人指導。否則其中精義，言語心念之間，早已流失。還需說明，這些方法只是因人、因時、因表述需要而作的歸納詮釋，未必能盡禪旨。禪法修用，見仁見智，但凡言語，易成執持，見一切相而心不凝滯，平凡視之才好。

一、見性法

見性有各種各層。禪宗典籍常說道不用修，直用現成，這是從已見性的視角來破斥「修行執」，而非真的不用修行就已是佛。尤其是當前動輒自稱見性成就者，則更需按照某種次第踏實參修，沉心悟入。

次第一，識心。識心重在悟知本心的真實不虛。《壇經‧行由品》中，弘忍曾對門徒強調：「不識本心，學法無益。」〔註60〕

不識本心，盲目修學，自然不可能最終證悟。具體教授中，惠能通過「十八界」與本心的一體連結和互動原理來進行講述：「世人自色身是城，眼耳鼻舌是門，外有五門，內有意門。心是地，性是王。王居心地上，性在王在，性去王無。性在身心存，性去身心壞。」〔註61〕言下之意，本心獨立、無染，顯現著六根、六門、六塵的運作。一般所謂識心常常有限，尚不圓融徹底：某瞬間解透了禪理，是識心；某刻感受到了自性作用，是識心；又或親證了本來面目，也是識心。故而，識心之後，更要精進起修，最終純熟，以至自性自識。

次第二，空靜。空靜並不獨指空心靜坐，更指全然虛化身心，脫離生命桎梏，為本心的呈現騰出空間。若不能做到有效空靜，深度空靜，則所謂修行永遠只會停留在意識層、覺受層。《壇經‧行由品》中，惠能對惠明說：「汝既為法而來，可屏息諸緣，勿生一念。吾為汝說。」〔註62〕屏息諸緣，勿生一念，靜坐良久，便是在虛化身心，創造、尋求這種見性前提。

次第三，反觀。空靜，往往便能虛化，從而體知空無的存在，這證明生命層級已更加精微、深入。不過，又經常會陷在空處，不知突破。此時若找準時

〔註60〕〔唐〕惠能：《壇經》，《大正藏》第48冊，第349頁。
〔註61〕〔唐〕惠能：《壇經》，《大正藏》第48冊，第352頁。
〔註62〕〔唐〕惠能：《壇經》，《大正藏》第48冊，第349頁。

機提點、反觀，便可知仍有知空、覺空之覺性自在獨耀，便又破空而出。「正與麼時，那個是明上座本來面目？」〔註63〕《壇經》中惠能就是這樣引領惠明反觀破空的。

次第四，性見。實際上，本覺自性時時刻刻在發生著作用，無什麼頓漸次第深淺的斷分，只不過大多數受眾所承載的無明深重，無法在一切事一切時中保持清明，故而才求「見性」。最終的見性，並不是你「見」到了本性，反而是本性自己無障礙呈現，「性見」一切。此時，自性之我不見是非善惡過患，不見有有無之心，僅僅是呈現一切，自在運作。所謂「性見」，已是直接從本心寂照的角度來審視所有修行方法、過程。本心既見，自然究竟一乘，所有環節都被此一乘真心涵攝，不復有先後次第，甚至已無方法設置。

二、空化法

次第一，誠意正心。真誠，專純，建立儀式感。修禪從來是大事、精細事，無此誠意正心，實際上是未真正尊重禪法、珍視自己，更未將禪貫徹在當下此刻。故而接下來的所有「修學」，必然帶著放逸、浮躁、貢高，無法深入。惠能非常注重這一環節，講授之前，多是先令徒眾「胡跪」「自淨其心」，又或「總淨心念摩訶般若波羅蜜多」，莊嚴身心，高明地引導眾人過渡到鬆化境界。

次第二，虛化自我。深度禪定，乃至自性呈現，關鍵均在於虛化自我。除惠能常講的無念、淨心、屏息等，針對現代人的心理結構特徵或個體差異，我們在修學中還可活用不同鬆化方法。例如，可借鑒止觀的數息、呼吸、脈輪放鬆，或道家醫家的內景五行圖、十四經脈觀想，甚至現代冥想中的大腦、神經、四肢放鬆。所做既久，自會退卻我識，空空如也。

次第三，自性直用。鬆化之後，溫養久久，恍惚過渡到空蕩蕩、活脫脫的自性呈現境地，此時直見究竟一乘，即禪宗極力推崇的當下直入、即修即用。正因為該方法占主導地位，禪宗才被判為頓悟宗風。同時也因這類方法若有若無，難以把捉，禪宗才被認為無修道方法。概括而言，這一次第法約有「一行三昧」「無念行」「般若行」等。若再細分，此法在實際操作中也有深淺先後之次第。大意是：完全空化身心之時，自性不受束縛而自然呈現。此過程中，也會激發出深層的業識，但是，當業識出現，自性便自動識別、

〔註63〕〔唐〕惠能：《壇經》，《大正藏》第48冊，第349頁。

化解，經歷稍微的動盪以後，又會回歸於空蕩蕩無所著的自性自在境，映顯著一切相的發生散滅。如此修行，自性直顯、直用，修用一體，乃屬禪宗最高超的修道方法，亦即所謂道不用修但莫污染、不除妄想不求真之無為法。

三、坐禪法

此處既然講「坐禪」，便是以「坐」為形式的禪法，切忌泛泛而談，開口便說行住坐臥都是禪的空話，而要落實在具體可操作的層面來修學。有所入處後，再談境界、變化。

次第一，身坐。這一層級注重調身。放鬆身體，莊嚴柔順，令無任何一絲緊張病患，以輔助心性深入。具體方法，可借鑒禪宗四祖道信教言，《入道安心要方便法門》云：「初學坐禪看心，獨坐一處，先端身正坐，寬衣解帶，放身縱體，自按摩七八翻，令腹中嗌氣出盡，即滔然得性，清虛恬靜。」〔註64〕這一次第，切不可因為簡單易行就忽略放過，而應踏實完成。一旦「身坐」進入正常程序，身體會隨著進階而發生種種觸受，這實際是自性啟用，化生能量，自動調整身體疾病、脈輪，以進入生命優化整合。具體情況可尋求有經驗者解疑。

次第二，心坐。此次第主要解決心思動亂難安，惠能在各類講授導入時運用較多。具體坐中，應任心念去來遷流，不隨不住，如果跟隨，則耐心重頭調整。便如《入道安心要方便法門》說：「坐時當覺，識心初動，運運流注，隨其來去，皆令知之，以金剛慧徵責，猶如草木，無所別知，知無所知，乃名一切知。此是菩薩一相法門。」〔註65〕心念流永遠在動，這是人的基本屬性，所謂心坐，便是慢慢調伏，自動剝離心念與己生命之緊縛纏繞，形成能夠坐看雲卷雲舒的心性能力。

次第三，禪坐。不執著於進程中出現的體受、心念、空淨等，惟是光明、淨在，凡一切有無盡皆覺知其因緣聚散。這實際是任運意義上的禪。禪宗所謂坐禪，便是此不執著於動靜有無、行住坐臥的禪性。惠能說：「此門坐禪，元不著心，亦不著淨，亦不是不動。若言著心，心元是妄，知心如幻，故無所著也。若言著淨，人性本淨，由妄念故，蓋覆真如。但無妄想，性自清淨；起心著淨，卻生淨妄。妄無處所，著者是妄。淨無形相，卻立淨相，言是工夫。作此見者，障自本性，卻被淨縛。善知識！若修不動者，但見一切人時，不見人

〔註64〕〔唐〕淨覺：《楞伽師資記》，《大正藏》第85冊，第1289頁。
〔註65〕〔唐〕淨覺：《楞伽師資記》，《大正藏》第85冊，第1287頁。

之是非善惡過患，即是自性不動。」〔註66〕從這個角度來研修坐禪，才可能真正坐深，坐透，坐成佛。

四、行禪法

行禪在歷代禪門通常有兩種表現形式：經行、行腳。行腳重在增廣見聞，參訪大善知識；經行則一般在相對固定的場所行走參修。行禪有其特質：一是也如其餘參究，至淺至深；二是可貫穿於日常，靈活修持；三是常與其餘參究、默照、持念、觀想等方法一體融合而用；四是坐臥既多，易導致身體氣滯生澀，行禪可作補充、平衡。故而一旦解用、善用，行禪效果極佳。

次第一，照看腳下。對於江湖行腳而言，主要增廣見聞，看世態人心，看自己，看其餘修行者。同時，但凡行路，均要照看好腳下，專注於腳下，只找行路的感覺，而不在乎目的地，每踏下一步，都將心思專注於腳底。這樣一來，心也寧靜下來了，身體也得到了最大限度的節省、休息。對於日常經行，方法之一也是專注腳下，體貼觸受；當然，也有邊行邊專注念佛、參話、默照的。正所謂「佛子住此地，即是佛受用。經行若坐臥，常在於其中」〔註67〕，核要都在照看、放空身心，要求與坐禪無異。

次第二，恒念一心。行禪是綜合性修習法門，其中融合著參話頭、經行、念佛等六根觸受諸法，根據個人選擇方式的不同，具體行法會有差異，然其核要均在一心專入。以照顧腳下為主者，心在腳下；以照顧話頭、默照、憶念為主者，則專念在話頭、默照、憶念。總之，行禪之時，理應始終一心，緩緩而行，輕盈而行。

次第三，身世兩忘。行禪易於見效，但凡習慣將心力專注於腳下，走著行著，便會身世兩忘。始知平時是心太過狂亂！專注於腳底觸受後，心思瞬間就單一下來，長時間處於這種狀態，自然一心不亂，不知不覺過渡到無我無人之境。此時，不但節省心力，更使生命的先天力量源源生出，如何還會焦慮、混亂，或疲憊不堪？如此綿密持續即可，勿起果境之求馳心。蘊積夠了，自然會有所突破。正如天寧石艫介騮禪師，「首參萬峰壁，看東山水上行，不契。後參竹篦子話，寢食俱廢。一期同堂，人面不識，正經行間，聞旁僧曰：『你不可作實法會。』師乃大悟。」〔註68〕又如古庭善堅，「我信古人說，要有個悟

〔註66〕〔唐〕惠能：《壇經》，《大正藏》第48冊，第353頁。
〔註67〕〔宋〕慧霞：《重編曹洞五位》卷中，《卍新續藏》第63冊，第203頁。
〔註68〕〔清〕超永：《五燈全書》卷七十五，《卍新續藏》第82冊，第382頁。

處，遂以悟為期又經月久。經行間，忽見卓案上馬祖與百丈野鴨子話『祖問百丈是甚麼物』，當下如寶珠擊碎虛空。」〔註69〕這都是參修間身世兩忘，積累到一定程度，於行禪之間的瞬間決破。

次第四，化用日常。傳無盡藏尼《悟道詩》云：「盡日尋春不見春，芒鞋踏遍隴頭雲。歸來笑拈梅花嗅，春在枝頭已十分。」行禪之法，平淡親切，禪在腳下，在路上，在心中，在所見萬相。言下之意，一是將此法樸實化、平淡化，將禪的旨趣最終融化為生活方式、生命境界，例如南石琇禪師云「幻軀將逼縱心年，松下經行石上眠」〔註70〕；二是將此法簡易化、日常化，修用在日常間，行禪最大的便利便是人們日常需要行走，故應加以利用。如此即將禪簡易化、通俗化、日常化，又能高效綿密修習，對進階大有裨益。

五、睡禪法

睡禪即是將禪融入睡臥之中，臥中修習，臥中涵養生命。禪宗史上，有人數十年只坐不臥，蓋因睡中易失禪心，昏昧難覺，無處用功，而坐禪一定程度上可避免這些情況。但同時，也有不少禪僧善修善用臥禪，於他人無力用功處綿密勤修。如牛頭法融「不起法座，安眠虛室」〔註71〕，紫柏真可「路在虛空不在塵，白雲堆處臥禪人」〔註72〕，呆庵莊禪師「饑來索飯噇，困來伸腳臥」〔註73〕，石雨明方「走殺芒鞋瞌睡禪」〔註74〕，投子義青禪師「無所參問，唯嗜睡而已」〔註75〕，汴州釋曇倫「臥輪臥禪」〔註76〕等，無不是睡禪之典範。此處闡述臥禪法，一為挖掘先賢睡眠智慧，不令蒙塵。二為探討臥中禪機，修身養性。因生命約三分之一時間均在睡中，臥而無禪，委實可惜。三為隨緣解決睡眠問題，當前的社會集體氛圍，以及個人的心理結構，竟致使諸多人或輾轉反側，無法入睡，或睡中迷失，惡夢連綿。安穩、踏實入睡實乃天賦人權，給予世人不用修行便能充分休息、蓄足心力的能力，而今卻難以受用，難免呼

〔註69〕〔明〕古庭善堅：《古庭祖師語錄輯略》卷一，《嘉興藏》第 25 冊，第 227 頁。

〔註70〕〔清〕行悅集：《列祖提綱錄》卷三十，《卍新續藏》第 64 冊，第 231 頁。

〔註71〕〔唐〕牛頭法融：《心銘》，《景德傳燈錄》卷三十，《大正藏》第 51 冊，第 457 頁。

〔註72〕〔明〕真可：《紫栢老人集》卷二十，《卍新續藏》第 73 冊，第 317 頁。

〔註73〕〔明〕普莊：《呆庵莊禪師語錄》卷一，《卍新續藏》第 71 冊，第 488 頁。

〔註74〕〔明〕明方：《石雨禪師法檀》卷十五，淨柱編，《嘉興藏》第 27 冊，第 136 頁。

〔註75〕〔宋〕義青：《投子義青禪師語錄》，道楷編，《卍新續藏》第 71 冊，第 754 頁。

〔註76〕〔清〕徐昌治：《高僧摘要》卷一，《卍新續藏》第 87 冊，第 285 頁。

嗟。故須重新總結、闡述、運用。

次第一，睡前清理。一天勞作，身心均需進入重置、修整，為深度、高效入睡，應做足睡前工夫。一是將睡前洗漱儀式化，提醒自己已該關閉身心向外求馳的頻道。無他，乃為充分涵養休息，迎接下一步生活工作而已。二是養成習慣，固定利用少許時間清理一天得失掛礙，清空一天是非悲歡，進而輕盈入睡。當然，若有心更進一步以睡為禪者，還應略加上睡中靜極、睡而不迷、睡中覺照、睡中能自發潔淨光明之念。接通、保任睡禪之綿密。

次第二，入睡技巧。關鍵有二：一是放鬆。可借鑒意識→頭部→肩頸→四肢→脊柱→骨骼→臟腑→神經的基本順序暗示放鬆、空化。二是調適姿勢。睡眠姿勢因人而異，但鑒於當前人們睡眠質量差的原因有焦慮掛礙、身體陰陽失衡、腎氣弱、腰肌勞損等情況，建議右側臥或左側臥。如睡眠得法，睡中自會因需自調。睡姿放鬆、輕盈，極利於睡中不被惡夢左右，且小腹、命門、五臟深處會自動靜寂、空曠、生機勃發不息，源源不斷生發生命力量，自修自調自養自悟。

次第三，睡前工夫。上床之後，無須預設入睡之後的事情，只管放空身心。身者，可以從頭到腳、到內臟，均逐步鬆化輕盈，以致再無重量；心者，如因焦慮掛礙，則突然覺見自身無力出離焦慮掛礙之境況。如果仍無法入睡，則不必一心求睡眠，如此適得其反，而應轉回空化身心，觀守小腹、命門。如此即在自動修復、自動調整，已在解決睡眠問題。無法入睡，其中很大一部分原因是自心主動附和、抓取各種焦慮掛礙，才形成長期慣性，積習難改。如此唯有在日常中注重運動，並練習照見、截斷、返回、感受身心空化的能力。練習、掌握睡禪的過程，其實就是解決睡眠問題的過程。真有心而且得法者，反覆數天即可超離而出，睡中入禪自然也就不在話下。

次第四，睡中涵養。睡禪實際是在睡中持續修習、涵養生命，故而要特別注重這一環節。入睡之後，六門關閉，理性停歇，但意識、末那識，乃至潛意識的各種存藏均會借機活動，乃至妄作，故而夢中內容難以受控，常生種種惡夢驚嚇、混亂妄想。解決之法，一在於日常分析、追溯其中根源並作清理；二在於日常訓練覺性運用，以使夢中覺性自顯，但凡見邪、亂、淫、驚恐等，自性便可清醒覺照，瞬間化除；三是睡前發願，將正念、正願印入睡中，在一定程度上能化去夢中業識之紊亂、造作。工夫在日常，臥禪也是如此，做到上述主要步驟，便能保證入眠後睡境的清淨、光潔、輕盈，實現睡中修禪涵養。

次第五，醒後總結。禪永遠修習在現實中、日常中，修在當下，便用在當下，同時也是成就於當下。但凡只求其結果，就已是妄為，禪心已泯。故而對於臥禪，睡起之後，還應留出時間反思、清理睡中之種種不足，尤其是可利用洗漱時間對照鏡子，觀察自己神色、精神狀態，及時反思、截斷種種負面境況，代之以輕鬆輕盈。而且，很重要的一環是自我暗示：從此精壯神足、身心健康，以不動心、無得失之狀態投入一天的工作、生活。如還出現其餘不妥，便又在日常清理、睡前清理，形成一天之中睡禪信息的持續連綿。最終，無數遍練習，無數遍純熟。

六、立禪法

立禪，從形式上講，就是站立修禪、站立用禪。歷代以來修用立禪者甚多，只是研究者關注和挖掘太少。清初釋圓鼎《滇釋紀》卷二記「立禪和尚」一欄云：「立禪和尚，諱祖復，號埜（野）山，姓朱氏，係出晉藩裔，幼厭俗榮。萬曆初年，遊匡廬茅山，遍越名勝，尋祝髮。遊滇至楚雄府，請雨救旱，士民德之，乃建紫頂禪林。未幾，入永昌寶台山，再創金光梵宇。赴京講藏，置山供奉。師焚指供佛十之八九，平素不設單帷，故人號云『立禪』。後足不蹈戶者數年，及聞明祚告終，遂斷食，唯飲清水者。三七日，乃集眾說偈，端然而逝。」〔註77〕此中記述埜山祖復俗姓朱，名鑄臣，是山西朱氏藩王之後裔。後遊歷到雲南楚雄府紫溪山建紫頂寺，又入永昌寶台山創金光寺。〔註78〕最為引人注意之處，是埜山祖復用功精勤，室中不設臥床，不睡而「立禪」。只不過，史料中僅有「立禪」之名而未記載如何具體修用。此略結合現代人推重之立禪法，梳理立禪相應次第綱要。

次第一，調適姿勢。姿勢的核心要求：一者，頂天立地。雙腳掌距離約平肩寬，相平行，雙膝自然微微內傾、微曲，達到能夠自然承受身體重量而不吃緊、不僵化的感覺；以心意之力使雙腳掌緊緊釘在地面，深深透入大地百千萬丈；自覺頭部高聳入天雲，接通天宇；自此自身生命正氣浩然，與天地同在。二者，懸坐虛空。尾椎自然放鬆，脊柱自然挺直，但無緊張用力，做到臀部如懸空般穩坐於無相寶座。三者，中脈通透。從頭頂百匯到會陰之間，約摸食指

〔註77〕〔清〕圓鼎：《滇釋紀》卷二，《雲南叢書・子部》卷二十九，雲南圖書館藏本，第20頁。

〔註78〕此中「寶台山金光寺」現歸屬於「大理州永平縣」，引文中說埜山赴永昌寶台山創金光寺，乃是因明代永平歸屬「永昌府」轄制。

般粗細的一條光柱——中脈，靜寂自通、自存，輕盈清亮、光潔，感覺中脈底部會陰一帶生機遍滿、力量充盈，緩緩自動蓄積、自動向上。四者，體相圓滿。面部鬆弛微笑，呈知足自足之相；下巴微微內收，雙目微開或輕閉，舌尖輕觸上牙齦根或上顎；心念專注，逐一感覺諸官能是否已安適；呼吸均勻綿長，無需拘執是否數息、是否為腹式呼吸。五者，手中三昧。雙手掌心向內自然下垂於身體兩側，十指微張，略覺酥麻，形成相對接通之狀；又或做抱球狀於胸前、心肺、膻中、小腹之前；或可用伏案之勢，也可雙掌疊加，捂於小腹區域。六者，安穩鬆弛。安穩，不可使腳掌無力、隨意移動，影響到整體力量平衡分布和站姿；鬆弛，保證從腳踝以上部分有收放自如的空間。實際上，既然談禪，行住坐臥都可，並不限於姿勢，但因入門，則須在特定階段尤其注重立禪姿勢要求，方便進入。有所體貼後，才可隨心所欲設計立禪形式、修禪程序。尋常動輒說行亦禪，坐亦禪，不應執著於姿勢者，如尚未入門，或是毫無所知，便往往產生身心放逸，根基虛浮之後果。故而初習立禪者，應踏踏實實清空自己，從零開始，做好每一步驟，如此即是踏在果上、立在果上，才會知曉如何是行亦禪，坐亦禪，語默動靜體安然。

次第二，虛化身心。安穩站立修禪，虛化身心才可能身輕體空，站得穩，站得住，站得久。否則便會形成與姿勢搏鬥、對立的境況，難免身心混亂，心燥氣浮。禪宗史上也有參修無法著力、立禪無法站穩者，如赤松道領禪師：「每夜中昏沉太重，站立不住，將身繫梁上以遣昏散，如斯三月餘，工夫稍覺純熟，惟疑業重。焚香立願如前，自後工夫成片，總是一個話頭現前。一夜危坐，恍然入定，忽燈花爍爆驚覺，曰：『萬法歸一是此理也，和尚一喝是此理也。』」〔註79〕赤松道領參禪時昏沉太重，無法站立，所以採用極端方法，將身繫梁上以遣昏散，三個多月後，在禪坐時才有所得。事實上，一般人無此意志用心，即使將身繫梁上三十個月也無濟於事。還是應著力體悟身心空化虛無之感，以穩固、紮實地進入立禪。虛化身心之要領，可參考如下：姿勢調適完成以後，便專注於身心放鬆。一是心念上，放下其餘世事，現在唯有此立禪，一切等結束立禪再予理會；同時，放下求馳心，只管立禪，不求結果。二是感受雙腳深深植入大地，放鬆空無；頭部空空虛化，再無重量、干擾；感受脊柱幻化為一條光柱，再無壓力、負擔，又略作意使此光柱輕輕

〔註79〕〔清〕道領：《黔靈赤松領禪師語錄》卷五，寂源編錄，《嘉興藏》第39冊，第529頁。

晃動，帶動肩頸、肋骨、四肢百骸放鬆虛化，自此身心再無重量、形體，空飄飄如幻化於白雲。三是從百會到會陰的中脈愈加清晰明顯，靜寂自在，彷彿自身已化成與中脈融為一體，靜中生機，靜中玄機。如此靜靜而守，默默而存。但凡其焦灼心、求馳心生起，即刻覺見，任其掠過，復歸靜寂空濛。

次第三，精炁自作。有人選擇站立修習，是為快速練氣，但立禪立意不同，立禪乃為以立式入禪，站空站忘，進入生命深層，體貼、確證自性。在此過程中，也會有氣感，也有人不會有，不論有無，均只是「感覺」而已，不應偏執。一般而言，站空站忘，也意味著身心會自行調適，如此便會產生氣感之運作流動。這一層面的氣，實質上是「炁」。道家丹道行法於此描述甚多。儒釋道合一後，這些方法、現象逐漸成為共同運用、描述之證量。如此之「炁」，實是因需而作，因人而異。若去作意干涉、導引，便會陷入「後天之氣」，強用心識，如此不但阻塞身心，更會引來種種病患偏執。故而，知之、覺之、化之即可，任其蘊積、發動、行走，身心越空化越好，越澄明越好。等到身心需調整處逐漸減少，乃至於無，「炁」的運行也就歸於平靜，所謂「氣感」也會減弱。但生命的質地卻會更加細密、靈明、光潔，進而便會入定、入空、入靜等。

次第四，純化心性。真正姿勢調適、身心虛化、精炁自作之後，生命乃別有洞天，會根據個體生命的業識積累，淨識的成就程度等而往來、淨化、運作等。各生命類別之間的物相阻隔被突破，通道被打開，往來溝通成為現實。這一階段，乃是純化自性，涵養生命。而且其中境界因人而異，變化萬千，稍不注意便成障礙，便成胡說。禪家擔心學者執著，往往不願多講，唯有在此境者，才會提授綿密用功，淨化，心心相傳。這一境界，非惟立禪，行住坐臥之禪均能達成，最須注意的是，在日常中，修習中，均要注意覺照工夫之提升，道德情操之涵養，如此才會真正證得禪家最清淨之自性，最透澈之智慧，最理想之人格。

次第五，清淨回還。禪之修學，任何一環節均有相應提升之必要，否則易成「禪執」「禪病」，立禪亦然。故須時時清醒，時時自照、自察、自覺。如明代明雪禪師的經驗：「和尚問：『工夫如何？』予一一實說。和尚云：『從今已去，一切放下，但只休歇去。』予聞此語，心下還不肯。至夏期，再約七眾同志道友打七。至第六日，正經行間，聞鐘聲，忽然身心脫落，將從前一片凝然工夫，一總都無了。站立佛前半炷香，又漸漸覺來，自云不可住著，從此一番始是無疑。」〔註80〕明雪禪師空化脫落之後，於佛像前站立半柱香時間，繼而

〔註80〕〔明〕明雪：《入就瑞白禪師語錄》卷十六，寂蘊編，《嘉興藏》，第 26 冊，第

省悟過來，認為「不可住著」，即不可執著於所修一切境。具體而言，應注意：首先，不論立禪如何玄妙豐富深密，修習之後，應回過神來，清醒立足當下，活在當下。其次，行完立禪之後，應做完收攝、收存之環節，避免身心留有氣機、心流的後續影響。再次，清空一切執念，立足於生活、生命。體現於道德倫理心性品德，真正將所學所修落實於生活、工作。

七、相應法

此法師徒相應，極其高明。絕大多數時候，禪宗的講傳就是直接引導徒眾進入自性境的具體方法，而非先講清道理再來讓徒眾練習。其核心技術約有三步：

次第一，鬆化。完全放鬆身心，心中空空無物。同於空化法。這其實是所有修行方法最基礎卻也是最核要的步驟。此次第做不到位，之後的修行只會漂浮在覺受層。

次第二，聽隨。心無所思，跟隨講傳者的聲音心力，授受完全共頻共度，一路直被引導到空無寂靜層面。《壇經·行由品》中弘忍深夜為惠能講解《金剛經》也是運用這種方法，以至於惠能在經文「應無所住而生其心」〔註81〕處突然觸破契入。

次第三，空忘。久久靜定，無聽無聞。積累純熟之處，突然出離，破有，破空，破生滅，自性圓覺呈現。

禪宗最善於運用這種方法。作為傳授者，在開講之前最常強調的一點就是讓聽者不思善、不思惡、總淨心念般若波羅蜜多、胡跪、志心諦聽等。雖然只是極其簡單的幾個詞，但禪師往往是很耐心地引導聽眾完成這個步驟，讓聽眾完全放鬆自己，放下自我的拒斥和思維推理，然後再往後說法。如此，聽眾處在單一心、專心、無念中，與教授師同一頻度，故能有效契入，常常在不經意間便破除空空而化入無所有處。

八、觀心法

這是最直接的脫出當下業力的方法。出乎其外，常常可有效制止自己的無明妄作。

次第一，觀人言行。言行即是心的語言，心的運作。修學者當放棄成見，

---

812 頁。

〔註81〕〔唐〕惠能：《壇經》，《大正藏》第 48 冊，第 349 頁。亦見《金剛經》，《大正藏》第 8 冊，第 749 頁。

純粹作為一個旁觀者觀察別人的言行舉止。由此看清問題，思考對策，而非藉此評判他人優劣，生起優越、自卑。例如對《壇經》中神秀心理猶豫、廊下寫偈等行為的如實觀察，不做評判，用以警醒自我。

次第二，觀自身心。修行者最喜觀察評判別人，卻常常迷失自己，惠能說：「迷人身雖不動，開口便說他人是非長短好惡。」〔註82〕故觀自身心，更顯緊要。仔細觀察、搜尋自身行為病患乃至起伏動靜。時時自察自省，最後仿若牧牛，唯見身心語言，而不被自我執著束縛。

次第三，自觀自在。此為虛化自我，超離意識界的觀察推理而自動呈現本心。例如弘忍對徒眾說：「汝等各去，自看智慧，取自本心般若之性，各作一偈，來呈吾看。」〔註83〕若去絞盡腦汁搜索肚腸寫「禪偈」，所得必是心識造作的產物。故而想要解透弘忍「自看」教言，須是身心空化，不著一物，處處若即若離，出乎其外。禪修一事，從此唯時時閑牧身心，自觀自在而已。

九、觀想法

觀想之法，諸家常用，其實質是收攝散亂之心，安住於某一對象，創造由「專注心」進入「清淨心」的機緣。

次第一，擇揀意象。禪宗最常觀想的意象有諸佛菩薩、日月星雲、山水花草、暖火金光、脈輪臟腑、蝴蝶飛鳥等，其目的是用正向、良性、寧靜、輕盈的意象與人心相應。人心一旦思索什麼，身心便發生相應共振，因此也才有一念善即佛，一念惡即魔，一念迷即眾生等說法。故而，觀想之法，首要便是選擇自己真實有緣、心下歡喜的良性意象，或是能夠對治自身所要解決問題的相應意象。例如，身體虛寒者，可選擇觀想金光、暖火、紅日等；身心焦躁者，則可選擇月輪、星辰、靜流等；身心相對平和者，便可選擇白雲、青山、蓮花、草木、飛鳥、蝴蝶、脈輪、臟腑等；心有恐懼掛礙者，則可觀想諸佛菩薩。

次第二，鬆化而觀。選定所觀意象之後，最重要的就是放鬆身心，有意無意而觀想，但凡散亂分心，便輕輕覺見，拉迴心念，繼續投入觀想。這一環節，須是越鬆化越好，否則容易變成強行臆想，反而成為執念，轉為身心壓迫。至於放鬆，也應按照一定程序，逐步細細體味，從頭到腳，到骨骼到內臟，從心念到神經等，逐步放鬆，沉浸式體驗。諸多觀想不夠真切清晰，

〔註82〕〔唐〕惠能：《壇經》，《大正藏》第48冊，第353頁。
〔註83〕〔唐〕惠能：《壇經》，《大正藏》第48冊，第348頁。

不夠沉浸深入，不夠真正空化者，多是放鬆一關質量太低，未真正走實、達標。其實，諸多法門，要妙只此放鬆，真正放鬆之後，必會自動進入深度禪定，再無需此法彼法。而觀想也會化「主動觀」而「自在觀」。

次第三，融為一體。一旦真實觀想，意象越來越清晰、真切之後，人的主體意識、身心感受經常會逐漸消失，只有所觀意象存在。此時，生命與意象已經融為一體，觀想者自此深深沉浸其中。當然，有的觀想極為靈活，並不見得每一步都須按思維的設定推進，而是在不經意的某一步就會提前進入融為一體的階段。這是因為此前各階段所做的工夫較為深入，轉瞬就進入禪境，產生效果了。如此當然也就不必再去僵化地往下觀想，否則反會擾亂進階。實際上，如果觀想境界已然較深，也不會再產生還要去觀想什麼意象的念頭，而是智慧而觀、沉浸而觀。禪法就是這樣，一通百通、一入到底，每一法、每一環節都可成為獨立的究竟法，關鍵是看自己有沒有真正走實。換言之，有的觀想者，也有可能已按觀想程序做完，但仍未進入主客一體之境，究其原因，一般是此前放鬆環節、觀想環節並未做好，未真正沉浸而入。是以還須不急不躁，重新放鬆觀想，逐步踏實，然後在往後展開。

次第四，無觀無想。這一步驟並不見得誰都能夠達到。所謂觀想訓練，到了任何一步都會有相應的收效。例如，僅僅達到次第一的觀想良性意象，即能調適身心；到達次第二的鬆化而觀，則能深入疏通身心阻塞、化解陰濁；到達次第三的融為一體，生命便已開始淨化業積，修改潛意識。諸如此類，到達次第四無所觀想，往往便是自性溫溫而自照，已無太多干擾。即使心中、外部偶有干擾出現，也不過是緣起緣滅、自照自見。這一層次，實際已是「自性自觀」，已屬非常深入的觀想，已在淨化、鞏固、確證自我生命。需要說明的是，這一次第中，如果出現身心的各種觸受、變化、干擾，均屬正常，乃是自性在整合生命，化解業積。覺見，任其流過則可。這一「任其流過」的自觀自照程度因人而異，因所做工夫而異。如果根基不牢固，這一層次還是會被干擾、截斷，甚至還會被內因外緣所化意象、信息牽引而走，無法覺知。是以觀想工夫還得修在日常，修好覺照，點滴累積。

次第五，注重收存。這一層次很多人經常忽略而過，其實卻是非常重要。不論觀想到哪一層，結束之時均要注重收存環節。即使是隨意行住坐臥中靈活觀想半刻，結束時也應有一個收存的心念，暗示自己結束、收存。而對於專門觀想，則更應注重收存的儀式感、程序性：一是但凡所修所觀，均有當次觀想

的收穫、結果，注重收存，身心才會對觀想形成深度記憶，不至散去、放逸。同時，這也是下一次觀想的基礎、發動點。二是觀想之後，身心經常會出現某些氣感或心識流動的痕跡，這些痕跡並不一定是良序的，若不收存，便會干擾身心的正常運作，甚或產生不舒適感、病患。收存，則能夠將這些變化進行整合、良序化，不至影響到身心的正常狀態。三是身心本就是工具，最後的收攝收存，實際是調馴身心的一大環節，同時也是觀想身心變化的重要環節。至於收存步驟，可參考如下：其一，暗示自己觀想結束；其二，磋磨手掌至暖熱，輕撫雙眼、面龐、耳朵、玉枕、脖頸、小腹、腎區、雙足等；其三，直至感覺到身心能量流動已平衡舒適，再結束全部觀想。而且結束後要注重適當運動，以對靜態修學進行動態平衡。

最後還須強調，觀想次第並不絕對。觀想本身即瞬息萬變，因機設教，上述只是講清一般性原理，至於具體行法，並不僵化，而應根據個體的差異而設計、展開。同時，所謂「觀想」，也僅僅是個入處，立一種相收攝身心而已，最忌強用心力，強行想像，而是要認真體味若即若離，似想非想。直至自我身心與所觀意象融為一體，能所雙亡，無觀無想，才可能真正通達觀想之真諦。

十、誦經法

禪宗意義上的誦經非惟信仰，更是自心與經典內在生命的直接對話。所以，如果運用得當，見性開悟會來得非常迅速。同時，教理知識的積累會更快，對經義的理解也會更深入透澈。實際上，這種方法可以用來研學絕大多數哲學與宗教經典。

次第一，莊嚴身心。誦經之前，可著重形成固定儀式，清理身口意。所有儀式，均為收攝身心、莊嚴性命而設。忽略放過，已然心生放逸，毫無實處。何談更進一層！

次第二，體讀句義。真修真行者，更需注重經典基本句義、理念的理解和體悟，對一切經典文字充滿敬畏、珍愛，這其實是生命的自我尊重，自我愛惜。勿偏解惠能所說「諸佛妙理，非關文字」〔註84〕。一者，惠能已證自性，見多了修學者拘執於經書文字的案例，故而以此離文字義來加以破斥。二者，惠能所修不是誦經法，無須過多依賴經文語言。實際上，惠能因聽《金剛經》及弘

〔註84〕〔唐〕惠能：《壇經》，《大正藏》第 48 冊，第 355 頁。

忍講傳而悟，豈非也是依經義文字！善用者，文字句義大可增進正見，促發開悟。須知每一處句義的領悟，都在引領你進入更深層次的生命境域。對於修學誦經法者，句義不明，談何透悟，又怎能輕率選擇誦經法修持！

次第三，反聞自性。邊誦讀邊靜聽，直至空空如也，其義自現。這是結合耳根圓通聞性法門來展開的修學。邊誦邊修邊用，超離具相。在此層次，雖依經文，也離經文，凡聲音經文與自性相契合共振便是。

次第四，空空誦讀。在紮實做足前面次第的基礎上無所求而讀，隨性而讀，內心的純淨不受限制。此時，凡所念誦語言文字，都在空蕩蕩的心性世界中隨緣幻化出一朵朵金紅色蓮花，光明，自在，自足。

十一、話頭法

此處「話頭法」即「參話頭」。「話頭法」在禪宗由來已久，如印度佛教《出曜經》卷二十九云「孰者吾我？吾我是誰」〔註85〕，《壇經‧機緣品》中惠能指示法海「前念不生即心，後念不滅即佛」〔註86〕，《景德傳燈錄》卷十一記唐僧香嚴智閑參「未出胞胎、未辨東西時本分事」〔註87〕，趙州叢諗「狗子有無佛性話」等，均是參話法之雛形及運用，只不過當時還未形成「參話頭」之專稱及禪法系統。真正將「參話頭」建構為禪法系統並弘大者，實是臨濟僧大慧宗杲。他說：「日用隨緣時，撥置了得，靜處便靜。雜念起時，但舉話頭。蓋話頭如大火聚，不容蚊蚋螻蟻所泊。舉來舉去，日月浸久，忽然心無所之，不覺噴地一發。」〔註88〕即話頭能有效對治雜念、愚迷，參舉話頭久久，必能於心無所之處忽然見性明澈。參話法可從如下步驟認知、實踐。

次第一，話頭解義。即對話頭形成正見正知，便於修持。古代部分禪師，為免言語道斷，極求直截悟入，對所授話頭往往不加解釋，只令徒眾一心參究便是。如此常常會導致另一極端，一些參究者往往以為話頭之中有深密內義，而不知核要在於以話頭促成心識之專一、截斷、超離。當今修學者，意識思維發達、邏輯解義能力極強，故應結合、利用這一特點，解透參話頭之含義，以

〔註85〕《出曜經》卷二十九，姚秦涼州沙門竺佛念譯，《大正藏》第4冊，第765頁。

〔註86〕〔唐〕惠能：《壇經》，《大正藏》第48冊，第355頁。

〔註87〕〔宋〕道原：《景德傳燈錄》卷十一，《大正藏》第51冊，第283頁。

〔註88〕〔宋〕宗杲：《大慧普覺禪師法語》卷二十，蘊聞編，《大正藏》第47冊，第897頁。

能夠有效、透澈地參入。近代虛雲禪師對話頭的解釋、運用可做參考。他說：「話就是說話，頭就是說話之前。如念『阿彌陀佛』是句話，未念之前，就是話頭。所謂話頭，即是一念未生之際；一念才生，已成話尾。」〔註89〕此中所說要義，認為話頭不是一句話，而恰好是「無話」，即無念無雜的自性本真狀態；參話頭實際上是堵絕、超離心識，回歸這一境界。至此知此要義，才不至於話頭上尋求，身外求法，也才會真正了知參話頭的必要性、針對性。虛雲對話頭的闡釋，在工夫論之外，已經上升到了自性論境界，是對自性自作的描述。他認為，只有參話頭能透徹心性，證得本覺。對於有些止步、迷戀於打坐或用功不得力者，參話其實乃能有效對治，直入究極，應需力舉。

次第二，擇舉話頭。即選擇所參話頭對象。可是師所授者，也可是自覺有緣者。歷代有「我是誰」「父母未生時我是誰」「念佛參禪者是誰」「我與佛陀是別是同」等，均是切近所修的重要話題。如今可選擇一句與己所求所苦關係緊密者，以使有效提持參入。但凡擇舉已定，便一心參究去，不可隨意更換，給業心、慣性以重新生長的空間。

第次三，一念參入。參話頭重在提持，制心一處，內心不亂。若是懶惰懈怠，冷水泡石頭，修上一千年也是空過。故須正心、專注、直觀用心參究。大慧宗杲的論述可作圭臬：「缺減界中虛妄不實，或逆或順，一一皆是發機時節，但常令方寸虛豁豁地。日用合做底事，隨分撥遣，觸境逢緣，時時以話頭提撕，莫求速效。研窮至理，以悟為則。然第一不得存心等悟，若存心等悟，則被所等之心障卻道眼，轉急轉遲矣。但只提撕話頭，驀然向提撕處，生死心絕，則是歸家穩坐之處。得到恁麼處了，自然透得古人種種方便，種種異解自不生矣。教中所謂絕心生死，伐心稠林。浣心垢濁，解心執著。」〔註90〕此中認為處處是參究機緣時節，要妙是「常令方寸虛豁豁地」，時時提撕。但不可求速效，不可心有所待，但凡有所求，有所期待，即是被心識所轉。故而只管提撕參究，心無旁騖，如此不多時便能突然決破。現代人理論思維意識強，但如能專一參究，心力也相對要強。近年所見，凡一心專注用功，兩三日內頓斷，窺見玄機者不在少數。是以參究之要妙，惟專念、無念而已。

次第四，無話無參。參究話頭乃針對人們生命現狀，有形而入，借話離

〔註89〕淨慧主編：《虛雲和尚全集·法語開示》，中州古籍出版社，2009年，第168頁。
〔註90〕〔宋〕大慧宗杲：《答湯丞相》，見《大慧普覺禪師語錄》卷三十，《大正藏》第47冊，第941頁。

念。參究久久，身心俱穩，俱寂，俱空，俱靈明，正如深流靜水，清寂處更清寂，清濁分離，日常不覺之業心業識與生命的交纏、裏挾在一心專注之下已然分清，生命湛然自在。此時早已再無話頭之說，之念。話頭法甚為親切，話頭即如山村用以撥火煮茶的柴薪，茶熟，薪盡，火滅，火與手中柴薪同歸於盡。此時空飄飄，輕盈盈，再無話頭之想。如若機緣蘊積成熟，「這一念未生之際，叫做不生；不掉舉，不昏沉，不著靜，不落空，叫做不滅。時時刻刻，單單的的，一念迴光返照這『不生不滅』就叫做看話頭，或照顧話頭。」〔註91〕此時便可破繭成蝶，脫離生命染淨纏縛。即使偶有雜染掠起，或反覆來襲。均屬淨治、煉化歷劫業積。如此隨來，隨見，隨破則可。一生安住，隨緣涵養便是。更深密，更高遠的生命境界，功深自現。

十二、默照法

何為默照？「知音者鑒，默照者神」〔註92〕，默照實為神照、性照。默照之法，與參話頭、坐禪法等旨趣相同，只是理論系統或具體行法描述因人稍異。禪宗史上，對「默照法」弘闡最為集大成者是曹洞門徒天童宏智正覺，其禪多稱「默照禪」。茲對相應「默照法」做出次第梳理。

次第一，收攝獨照。所謂收攝，乃是收攝身心，一心用功。但凡意欲超脫當前困境，均需收攝，有意識、有效率地脫離既有慣性。原因是當前之困苦即根源於既有之慣性業力，收攝便可出離業惑之大半。獨照，則是收攝之後有心契入，默默觀照身心；獨照同時也是對更深一層業力的破除、消解。《默照銘》所謂「默默忘言，昭昭現前。」〔註93〕就是在描述收攝獨照之境。

〔註91〕淨慧主編：《虛雲和尚全集・法語開示》，中州古籍出版社，2009年，第168頁。
〔註92〕〔宋〕宏智正覺：《天童宏智禪師廣錄》卷四，《大正藏》第48冊，第47頁。
〔註93〕《默照銘》：「默默忘言，昭昭現前。鑒時廓爾，體處靈然。靈然獨照，照中還妙。露月星河，雪松雲嶠。晦而彌明，隱而愈顯。鶴夢煙寒，水含秋遠。浩劫空空，相與雷同。妙存默處，功忘照中。妙存何存，惺惺破昏。默照之道，離微之根。徹見離微，金梭玉機。正偏宛轉，明暗因依。依無能所，底時回互。飲善見藥，檛塗毒鼓。回互底時，殺活在我。門裏出身，枝頭結果。默唯至言，照唯普應。應不墮功，言不涉聽。萬象森羅，放光說法。彼彼證明，各各問答。問答證明，恰恰相應。照中失默，便見侵凌。證明問答，相應恰恰。默中失照，渾成剩法。默照理圓，蓮開夢覺。百川赴海，千峰向嶽。如鵝擇乳，如蜂採花。默照至得，輸我宗家。宗家默照，透頂透底。舜若多身，母陀羅臂。始終一揆，變態萬差。和氏獻璞，相如指瑕。當機有準，大用不勤。寰中天子，塞外將軍。吾家底事，中規中矩。傳去諸方，不要賺舉。（宏智正覺：《天童宏智禪師廣錄》卷八，《大正藏》第48冊，第99頁。）

禪門歷代默照之法頗有一些具體經驗，例如，在姿勢要求上，初入門者最好是默坐，正如「默默蒲禪，空空世緣」「孤坐默默，倚杖沉沉」「胡床放得穩，默默坐亡機」；純熟之後，再尋求行住坐臥之全面默照。在默照對象上，一是要「默默間自照心」「默默全提正令」；二是注重內外調整，甚至細緻到表情，「氣韻能清，眉目似笑」，乃至氣息變化，「動而靜，虛而應。專氣致柔，湛神如凝。」〔註94〕默照之法，應貫徹到種種細節，在細節之處隨緣調適修正，默默照入。

　　次第二，靈明覺照。即輕盈、空化狀態中的默照。如宏智正覺《與觀禪者》云：「豁淨虛通入覺場，體前一段本來光。孤禪恰恰如擔板，默照明明似面牆。」〔註95〕又其《善友陸銓寫真請贊》云：「真照也默默而靈，湛存也綿綿而壽。」當然，默照進程中，必然會出現不同程度的走神、昏沉、掉舉、散亂，如此便須做出有效應對：其一，坐中需及時覺見、察照當下心識狀況，及時返回、保任默照之綿密。其二，在日常中須深入分析，照見慣性業力背後的深層原因。須知坐中、日常乃相輔相成，因日常散亂、迷惑，故需坐中築牢根基，規範日常；而日常之訓練，化解，則又進一步促進坐中禪功、照功、覺功。繼而「默默自住，如如離緣。豁明無塵，直下透脫」，辯證推進、鍛造，以形成靜寂、澄明、純粹、綿密的靈明覺照工夫。

　　次第三，自在圓照。即默照已臻化境，完全能夠自在自照，理事圓融。首先，是理上充分明瞭默照圓旨。正如宏智正覺云：「照中失默，便見侵凌。默中失照，渾成剩法。默照理圓，蓮開夢覺。」默照禪繼承洞山五位君臣、偏正回互之旨，熔成新論，只有充分解透，才不會被功障，被理縛。其次，是契入純熟圓照、無分別自照之境。正所謂「默默照處天宇澄秋，照無照功」〔註96〕「萬緣圓應兮廓周大千，點靈虛兮默照幽獨」〔註97〕。彼時，無照不照之人，無照不照之功，更無照不照之想，唯默默而自存、自見，自成其終極圓照。

十三、牧牛法

　　禪宗常說心猿意馬，也常將此心比喻為牛。所謂「牧牛」，便是喻指如放牛一般照顧好此心，勿令走失或犯害稼苗，牧完之後，最終柔順回歸。圍繞

〔註94〕〔宋〕宏智正覺：《天童宏智禪師廣錄》卷四，《大正藏》第48冊，第36頁。
〔註95〕〔宋〕宏智正覺：《天童宏智禪師廣錄》卷八，《大正藏》第48冊，第頁。
〔註96〕〔宋〕宏智正覺：《天童宏智禪師廣錄》卷六，《大正藏》第48冊，第75頁。
〔註97〕〔宋〕宏智正覺：《天童宏智禪師廣錄》卷九，《大正藏》第48冊，第頁。

這一觀念，禪宗甚至還演繹出了專門的「牧牛法」。最有名的「牧牛次第」，有廓庵所繪《十牛圖》次第十頌、洪州禪石鞏慧藏之「牧牛法」、百丈懷海教授大安的騎牛歸家、溈山靈祐的水牯牛。種種牧牛，均是暗藏心法。總其要旨如下：

次第一，看顧。人心時常不聽安排，胡亂造作盲動，故應時時生起照看此心之念。並如牧牛一般，求此牧牛真意，認識、確證本心。

次第二，拽回。牧牛過程中，因業力故，心牛時常野性難馴，桀驁衝撞，故須無數次覺察，拽回。《馬祖道一廣錄》載：「（慧藏）一日在廚作務次，祖（馬祖道一）問曰：『作什麼？』曰：『牧牛。』祖曰：『作麼生牧？』曰：『一回入草去，便把鼻孔拽來。』祖曰：『子真牧牛。』」〔註98〕此處「牧牛」喻指照顧好心念，一旦紛亂迷失，「便把鼻孔拽來」。這種對漸次修持的強調，在禪宗系統內並不少。如《牧牛圖頌》第五也云：「鞭索時時不離身，恐伊縱步入埃塵。相將牧得純和也，羈鎖無抑自逐人。」及時覺察，拽回，乃照看心牛的重要環節。此法切忌用力，覺察即拽回，拽回即放下。如此反覆，輕鬆而為，當做心理訓練即可。

次第三，馴服。歷經多次、反覆練習，「心牛」已經逐漸「聽話」，學會了靜寂安住，不再混亂，製造災禍。如《指月錄》中載：「（大安）造百丈，禮而問曰：『學人欲求識佛，何者即是？』丈曰：『大似騎牛覓牛。』師曰：『識得後如何？』丈曰：『如人騎牛至家。』師曰：『未審始終如何保任？』丈曰：『如牧牛人執杖視之，不令犯人苗稼。』」〔註99〕這一公案描述了找牛、見牛、馴牛、調服、回歸等環節，言簡意賅。其核心與慧藏牧牛是一致的。《十牛圖頌》忘牛存人第七云：「騎牛已得到家山，牛也空兮人也閒。紅日三竿猶作夢，鞭繩空頓草堂間。」至於其次第細分、境界辨別，不需過多展開。只管一心牧牛，偏離軌道了、分心了，即刻覺見，拽回，若有若無，不即不離，工夫做足，做到位，更深密的結果慢慢自會呈現。

不論「牧牛」名相如何易變，始終是立為調心之用。喻指此識本心、證本心、用本心的反覆修道過程。故而。名相，立即破；參修，用即忘。切勿貪圖簡介，任何一種方法，在禪的視野下均屬於至淺至深之法，關鍵在於按照方法

〔註98〕〔唐〕道一：《馬祖道一禪師廣錄》，見《四家語錄》卷一，《卍新續藏》第69冊，第3頁。

〔註99〕〔明〕瞿汝稷：《指月錄》，《卍新續藏》第83冊，第518頁。

踏實去做，出現問題及時修正，而非執著於頓見、深淺、難易、見行等對立。

十四、歸依法

「歸依」仍禪宗常用表述。此處不說「皈依」而說「歸依」，直觀上表明禪超離一切宗教相、神秘性，著力突出歸依並非向外馳求，而是「回歸」本心。此處特別強調一點：大多習禪、講禪者均會開口即說「皈依乃皈依自心佛」，但我們在實際中不希望陷入戲論空談，而提倡將工夫做在具體行動中，踏踏實實地按照「歸依法」來回歸自心。直到真正歸依自心，所講出來的「禪」才有踏實感、深厚度、穿透力。

次第一，立心。有相歸依佛法僧，無相歸依覺正淨。所謂歸依，絕非歸依某人某法某教，而是歸依自性，歸依覺正淨。故歸依之首要其實是「立心」，保證內心之清醒、獨立、尊嚴，不卑不亢，不依賴於外物形象。可知為何數十年跟隨大師明師修學還是戰戰兢兢，於禪虛浮無力？便是自心未立，依賴於師，依賴於境。惠能說：「歸依覺，兩足尊。歸依正，離欲尊。歸依淨，眾中尊。從今日去，稱覺為師，更不歸依邪魔外道，以自性三寶常自證明，勸善知識歸依自性三寶。」〔註100〕故知立心者，正是斷邪迷，立正氣。如此自心歸依，最終才能成就勇者，智者，大者。

次第二，覺用。訓練「覺」的能力，逐漸深入，過渡到自性覺用的純熟。《壇經》說：「佛者，覺也。自心歸依覺，邪迷不生，少欲知足，能離財色，名兩足尊。」〔註101〕故而，「歸依覺」的具體工夫，就是將對佛、佛法的盲目迷信、崇拜轉移到對覺性的訓練、運用上來。能覺，即是佛用，即是歸依自性真佛。

次第三，正用。《壇經》云：「法者，正也。自心歸依正，念念無邪見，以無邪見故，即無人我貢高，貪愛執著，名離欲尊。」〔註102〕「正法」須正真佛法，而最尊最正的佛法便是「自性」，故而「歸依正」實際上是見性證悟。從具體操作來看，「歸依正」的核心乃在於立正破邪，念念看破邪迷，以至於凡所有相，隨見隨破，包括所謂的「正」，最後唯只剩下一種空蕩蕩生機無限的自性境。此乃佛法之用意。故而對「正用」，要指向於日常生活中具體破除人我貢高、貪愛執著等一切欲念。否則，即使是對佛法的虔誠追求，也往往會

〔註100〕〔唐〕惠能：《壇經》，《大正藏》第48冊，第354頁。
〔註101〕〔唐〕惠能：《壇經》，《大正藏》第48冊，第354頁。
〔註102〕〔唐〕惠能：《壇經》，《大正藏》第48冊，第354頁。

成為執著，貪欲，不是「正用」。

次第四，淨用。《壇經》云：「僧者，淨也。自心歸依淨，一切塵勞愛欲境界，自性皆不染著，名眾中尊。」〔註103〕歸依「僧」的本質是歸依「淨」。但前提是真僧，有成就之僧，否則就談不上「淨」。而真正「淨」者為何？乃無染之自性。不見自性，不修用自性，則對僧寶的歸依也必成執著。故而修學者需於一切言行舉止中見自心，用自性，成就自身心如琉璃，淨在，淨顯，淨用。

對於上述，《壇經》中惠能強調：「若修此行，是自歸依。凡夫不會，從日至夜受三歸戒。若言歸依佛，佛在何處？若不見佛，憑何所歸，言卻成妄。善知識！各自觀察，莫錯用心。經文分明言自歸依佛，不言歸依他佛。自佛不歸，無所依處。今既自悟，各須歸依自心三寶，內調心性，外敬他人，是自歸依也。」〔註104〕故而歸依一法，實乃見真佛、真法、真僧，善用善學者，於此法用處徹見自心運作，瞬間見性脫離。

十五、懺悔法

禪門懺悔之法，學者多不重視。原因之一，好高騖遠，追求自性一舉消盡所有業惑，未立足築基修行，落在實處。原因之二，迴避自心愚迷現狀，不願面對，自然不願懺悔。原因之三，只涉及空洞的後悔，並未真心懺悔消業。懺者懺其前愆，悔者悔其後過。懺悔之法，須是誠心用意每一步都做到位，才見工夫，才見殊勝。此法《壇經・懺悔品》中講得極為透徹，要略如下：

次第一，誠意正心。建立儀式感，清理身口意，暗示自己進入真心懺悔。

次第二，清理前事。首先，懺悔指向須具體，不可空泛，而要選擇具體事件或懺悔對象，使目標、結果清晰。其次，感覺真實，在懺悔中切實感覺到所懺罪業已理清，化盡。

次第三，斷絕後續。僅僅斷絕前事還不夠，還須滅卻可能重新引動罪業之因緣，令之永不復起。真實體驗到已懺清，悔淨。如此豈不正是空空淨淨，一塵不染，本心之境！

次第四，隨起隨懺。此懺悔法，當用心踐行。尤其前三次第，更須安排固定時間來進行修用，否則懺悔經常落空。而所謂「隨起隨懺」，一方面是對前

〔註103〕〔唐〕惠能：《壇經》，《大正藏》第 48 冊，第 354 頁。
〔註104〕〔唐〕惠能：《壇經》，《大正藏》第 48 冊，第 354 頁。

三次第中的「漏網之魚」進行清理掃除，另一方面又是自性的化用，隨緣消舊業、消深層業。所作久久，形成規律，最終純熟到在本心層面懺悔。凡有業心偶起如絲，即如實照見，自懺自悔。以至於有意無意之間，自性圓滿成就。

十六、發願法

學習者發願不起作用的原因大多如下：其一，當做與佛菩薩的某種交換。其二，空泛而發，未結合自己的具體情況。其三，未動真心，未在本心的層面來發。其四，未形成固定步驟、習慣，導致此刻心雖大動，即刻之後卻迷失於業力。故欲成就大願法者，須是真實去做，往精細處體悟、執行。

次第一，誠意正心。莊重，端正，放空身心，唯此為重。

次第二，設立誓願。首先以禪門「四弘誓願」引入。其次，勿空泛，應具體結合所要達成的目標、結果。再次，真實發願，感覺真實，真切。

次第三，理清方法。理清能夠達到目標的具體方法步驟，堅定不移照著做。

次第四，形成規律。首先，安排固定時間發願。其次，養成身心隨時處在大願中的感覺。

十七、中觀破相法

此法乃中觀精義化用，在禪門中運用極廣：破相，破性，隨破，逐層深入，最終破無所破。

次第一，立性破相。多屬初步理入。即從自性、解脫的層面來破除對表象的執著，生起解脫心，明了解脫方向。例如《壇經‧頓漸品》中，張行昌習學《涅槃經》即是立「真常性」以破「無常相」，屬於理上推敲。又如《壇經‧機緣品》中方辯從南天竺來禮拜惠能瞻仰衣缽：「師乃出。次問：『上人攻何事業？』曰：『善塑。』師正色曰：『汝試塑看。』辯罔措。過數日，塑就真相，可高七寸，曲盡其妙。師笑曰：『汝只解塑性，不解佛性。』」〔註105〕行昌、方辯雖然陷在二元對立中，但經惠能點撥，已開始出離表相，趨向內心，屬於典型的立性破相。

次第二，立空破性。一般修學者所談的「自性」實際上與真實自性無關，而只是心意識臆想、推理出來的某種境界或實體，這同樣是將「空性」執著

〔註105〕〔唐〕惠能：《壇經》，《大正藏》第48冊，第358頁。

成了一種實有，故而必須超越，以「真空」來破除。《壇經·機緣品》中記載：「禪者智隍，初參五祖，自謂已得正受。庵居長坐，積二十年。師弟子玄策，遊方至河朔，聞隍之名，造庵問云：『汝在此作什麼？』隍曰：『入定。』策云：『汝云入定，為有心入耶？無心入耶？若無心入者，一切無情草木瓦石，應合得定；若有心入者，一切有情含識之流，亦應得定。』隍曰：『我正入定時，不見有有無之心。』策云：『不見有有無之心，即是常定。何有出入？若有出入，即非大定。』隍無對，良久，問曰：『師嗣誰耶？』策云：『我師曹溪六祖。』隍云：『六祖以何為禪定？』策云：『我師所說，妙湛圓寂，體用如如。五陰本空，六塵非有，不出不入，不定不亂。禪性無住，離住禪寂；禪性無生，離生禪想。心如虛空，亦無虛空之量。』」〔註106〕其中智隍，已經處在以「空無」破除了「實有」的狀態，可進入深定，不見有有無之心。但是，卻陷入了「空」而無法出離。玄策為之指出了問題所在，已蘊積著純粹自性的顯現發生。

次第三，隨遇隨破。此時正說，反說，未必合乎邏輯，甚至背離常識，但明者始終不離自性，從而空有、性相、正邪等諸邊俱破，自性現，自性用，不執一物。例如《壇經·頓漸品》中惠能為張行昌講解常無常義，完全是違反常識講；又如惠能斥責神會「亦見亦不見」「諸佛之本源，神會之本源」等似是而非的「禪解」，同樣也是隨遇隨破，直逼對方思維，直至無可躲藏，無可辯解，清理出自性呈現的空間。其中原理，《壇經·付囑品》之「三十六對法」解說得尤為透澈。惠能說：「此三十六對法，若解用，即通貫一切經法，出入即離兩邊。自性動用，共人言語，外於相離相，內於空離空。若全著相，即長邪見；若全執空，即長無明。執空之人有謗經，直言不用文字。既云不用文字，人亦不合語言。只此語言，便是文字之相。又云：『直道不立文字。』即此「不立」兩字，亦是文字。見人所說，便即謗他言著文字。汝等須知，自迷猶可，又謗佛經。不要謗經，謗即罪障無數。若著相於外，而做法求真；或廣立道場，說有無之過患。如是之人，累劫不得見性。但聽依法修行，又莫百物不思，而於道性窒礙。若聽說不修，令人反生邪念。但依法修行，無住相法施。汝等若悟，依此說，依此用，依此行，依此作，即不失本宗。若有人問汝義，問有將無對，問無將有對，問凡以聖對，問聖以凡對。二道相因，生中道義。如一問一對，余問一依此作，即不失理也。

〔註106〕〔唐〕惠能：《壇經》，《大正藏》第 48 冊，第 357 頁。

設有人問：『何名為暗？』答云：『明是因，暗是緣，明沒即暗。』以明顯暗，以暗顯明，來去相因，成中道義。」〔註107〕「三十六對法」是立足於自性空而衍生出來的中觀對破方法，直接見子打子，著相者，破其相；著空者，破其空；著破相破空者，也破其「破」。凡所有相皆是虛妄，所破者，實際是心意識界的執持。追逼到空、淨、活的境界，如此因緣作息就是。

十八、轉識成智法

　　尋常所謂轉識成智，多是以心識轉心識，一念壓一念罷了。翻來覆去，只看誰人的氣勢、地位、話語權來斷定正誤迷悟。然而真正的轉識成智，卻是發生在自性層面。也就是說，轉識成智是修學方法，但同時也是見性開悟後的運用。最突出的例子是《壇經·機緣品》中惠能教導智通理解《楞伽經》，此處按其要旨略作歸納。

　　次第一，明九識四智。九識：眼識、耳識、鼻識、舌識、身識、意識、末那識、含藏識、淨識〔註108〕；四智：大圓鏡智性、平等性智、妙觀察智、成所作智。此處重在悟知尋常八層識心外，更有至深至純之第九淨識本心智性。而此本心智性，通過一定的方法是可以煉純、發顯的。即轉識成智，將心識、染識轉變為自性層面的淨識。具體對應關係如惠能所說：「大圓鏡智性清淨，平等性智心無病。妙觀察智見非功，成所作智同圓鏡。五八六七果因轉，但用名言無實性。若於轉處不留情，繁興永處那伽定。」〔註109〕言下之意，轉前五識為成所作智，轉第六識為妙觀察智，轉第七識為平等性智，轉第八識為大圓鏡智。而淨識，則是「能轉者」，四種智，其實是「淨識」的不同顯用形態。

　　次第二，習轉識工夫。此步驟重在轉識成智慧力的練習，無此能力，則必然只是以意識轉意識，陷入轉化戲論。惠能強調：「自性具三身，發明成四智。不離見聞緣，超然登佛地。吾今為汝說，諦信永無迷。莫學馳求者，終日說菩提。」〔註110〕意即轉識成智要落在真實處、自性處，否則就只成為口頭葛藤。

〔註107〕〔唐〕惠能：《壇經》，《大正藏》第48冊，第360頁。
〔註108〕梁真諦所演釋之唯實學極重此淨識，認為第八阿賴耶識有染有淨，唯淨識才是最真最純之佛性真種。而唐玄奘所立之唯識宗則認定阿賴耶識淨染真妄交纏為一，並無獨立淨識存在。事實上，一切識共為一體，分而為八、九只是方便言說，實踐中，若不立此、證此第九識，便無「慧光」徹底照透生命之虛幻業種，洗淨那無染真心。
〔註109〕〔唐〕惠能：《壇經》，《大正藏》第48冊，第365頁。
〔註110〕〔唐〕惠能：《壇經》，《大正藏》第48冊，第356頁。

而「轉識」能力是可以習得的,此處略分兩層入手:首先,有意訓練覺察、觀照能力,一見即覺,一覺即轉,一轉即忘。其次,鬆化身心,創造自性運作的空間,由自性處深度轉化心識。

次第三,任自性自轉。工夫純熟時,一切離心意識而轉,自性轉,佛慧轉。在此意義上,轉識成智實際是一種果境。即自性長顯現,凡心念起處,行為落處,均見其根本,不為所動,並且自然轉邪為正,轉識成智。正如智通悟後所說:「三身元我體,四智本心明。身智融無礙,應物任隨形。起修皆妄動,守住匪真精。妙旨因師曉,終亡染污名。」〔註111〕

十九、煉化性命法

禪宗很少記錄具體的身心煉化法,這不能不說是一種遺憾。整個禪宗在傳承過程中,那些口傳心授的秘法精華逐漸喪失,於今僅留猜想。由此許多人凡談及禪法便只高談闊論,淪為虛無,於深度禪定、身心煉化處毫無建樹。此處根據禪宗傳統及筆者參修所得,將之略為展開、補詮。須知禪雖說重在見性,少論禪定解脫,但在實際中,如不煉化身心,根本進入不了自性生命的最深層,於是所謂見性必不純澈,充其量只是在意識界中輪轉罷了。真不知許多般修學者如何敢自稱見性,已得解脫!真正圓滿的禪法具足雙翼:一為開悟見性系統,二為禪定煉化系統。兩者共進,方可身心道行圓滿。其中,禪宗身心煉化技術核要有以下幾點。

次第一,深入禪定。此為修禪者的基礎工夫,尋常經典中忽略不談,久久成人誤解,以為禪宗不重禪定。現代社會,想要深入理解禪宗、禪法,則需過此基礎關,借鑒四禪八定、禪七、默照、參話頭等法行去。

次第二,煉化脈輪。有關脈輪煉化可重點關注兩種:其一,三脈七輪。此法多在藏傳佛教中全整保留、細密宣講,但絕不是說禪門沒有,只是我們不瞭解罷了。在佛法而言,開悟見性之時,也需同步轉化色身,由此修三輪七脈是必經之路。否則,所謂見性,必不純淨透澈。其二,任督及中脈。此語言多在道家及《黃帝內經》中有記錄,但是,誠如天台、禪門、淨土所載,坐忘到一定時候,身體脈輪必會發生變化。稍淺層次便是某穴位、任督二脈、中脈的煉通,更深廣者則是周身奇經八脈乃至全身細胞一併光化。欲得最終法身、報身、化身三身圓滿,必然要將身體脈輪修透轉化。上述兩種,根要

〔註111〕〔唐〕惠能:《壇經》,《大正藏》第48冊,第356頁。

相同，稍有表述差異。煉化細節，此處不作泛論，且待面對相應層次問題再談相應的應對方法。

次第三，淨化法身。法身心性不淨，縱使脈輪轉化，神通生發，照樣還會因含藏中的業惑而陷入迷昧。並且，所轉化出的能量層級越高，所造成的破壞就越大。故應如眾多禪宗大德一般在入世出世中涵養打磨，淨化法身，以最終能自主出入無礙。

次第四，出離生死。從種種禪法推測，禪宗不是不講禪定煉化，想必是大部份未加記錄或傳承過程中流失了。《壇經·付囑品》中，惠能可預知命終，瞬間「奄然遷化」，乃是深度修行才具有的果境。至於臨終時「異香滿室，白虹屬地」，乃至塔內「白光衝天三日」，實際是虹化現象之一。〔註112〕最遺憾的是禪門很少記錄這些知識，而後人又不解或不知繼承、珍視，於是「禪意的棲居」和「生死的自由」往往成為空談。生死自主並非佛禪的最終果境，但卻是修持成就的某種指標。身心煉化，工夫圓滿，不但心性上不受阻塞，更是生死無礙，連最後的肉身也能最大限度地轉化分散，回歸浩淼，不留身後半絲執念。

二十、最上乘法

最上乘法，絕非貪圖簡易直截，也非優於其餘法門。禪門諸法，悟即悟，迷即迷，沒有半說，均是透徹之智慧，關鍵是看能否用心去做。所謂最上乘法，不過是不迷於諸法次第而直接見性、用性罷了。這在絕大多數人身上都會發生，只是轉瞬即逝，既不曾留意，也不敢相信。須知，真參實悟者，逐步按次第修也即是最迅捷、最圓滿之見性法。若貪圖簡捷，漂浮不實，則所謂最上乘法也會落入空頑，陷入愚迷。禪宗最上乘法，此處略結合三首禪偈來加以詮釋。

次第一，勤拂拭。神秀說：「身是菩提樹，心如明鏡臺。時時勤拂拭，勿使惹塵埃。」〔註113〕筆者從不認為神秀此偈執著於「有」，執著的是此刻的「讀者」「認為者」，而非神秀。《壇經》中惠能認為此偈未悟、弘忍也認為神秀尚在門外有其特殊語境，一是弘忍惠能有其要破斥的漸悟對象，二是南禪後學極力渲染。不信？假設此偈由惠能所作，你會得到什麼結論？時時勤拂拭，乃自心隨見隨調，何等從容、樸實！

〔註112〕〔唐〕惠能：《壇經》，《大正藏》第48冊，第360頁。
〔註113〕〔唐〕惠能：《壇經》，《大正藏》第48冊，第348頁。

次第二，無一物。惠能云：「菩提本無樹，明鏡亦非臺。本來無一物，何處惹塵埃。」〔註114〕萬物因緣色相，一眼看穿，本來空空如也，種種執念心塵，不過是心動所造。

次第三，心數起。惠能云：「惠能沒伎倆，不斷百思想。對境心數起，菩提作麼長。」〔註115〕人心永遠在動，不動即是死物。但是，被心動掌控和任心動而不隨不拒是兩種境界。惠能此偈便是隨緣牧心，寂照而已，故而心念的起落不過是在其自性界中因緣聚散。對於經歷多般修學者，或是先天利根者，突然空化身心，也可如此。原來，一切深淺因緣、大小業感均如光影塵埃，自己僅僅是這樣虛化、自在、寂觀著。

如此修，如此用，就是直修直用，正所謂自性本來現成。原來是自己的意識之網收得太緊，束縛它了。善用、直用這三次第，無形中自己已悠悠然獨立於外，充盈於內，越來越純，越來越淨，生命出世之大事因緣已經解決。

二十一、惠能教法

惠能是禪學劃時代式的人物，所述《壇經》更是被稱為中立產生的唯一佛經。惠能禪法承前啟後，種種教法在其手中運作得出神入化，於禪門極具代表性。《壇經》大部篇幅都在講述惠能如何教人修禪，包括本書所講種種修道方法，實際大多也是惠能教法的細化、運用。那麼，有沒有一種惠能教法總綱能讓我們在研學、講授禪文化中有所憑藉？此處將其教法要義專題歸納而出，以供參考。其實，惠能在經中已對此作了特別強調，只是歷來研學者極少重視。《壇經・付囑品》載，惠能在預知自己不久將離世時對弟子說：「吾今教汝說法，不失本宗：先須舉三科法門；動用三十六對，出沒即離兩邊；說一切法，莫離自性。忽有人問汝法，出語盡雙，皆取對法，來去相因。究竟二法盡除，更無去處。」可知，先舉三科法門、動用三十六對、莫離自性是惠能教法的三大核心步驟。這是惠能數十年講傳禪法的方法論。當然，結合《壇經》所記，惠能教法還有首尾兩個基礎步驟：空化、坐禪。此處一併歸納為五次第加以詮說。

次第一，空身心。通俗而言即是空化身心。惠能極其重視這一次第的完成。例如，講傳之前，惠能多次強調「屏息諸緣，勿生一念」「不思善不思

〔註114〕〔唐〕惠能：《壇經》，《大正藏》第 48 冊，第 348 頁。
〔註115〕〔唐〕惠能：《壇經》，《大正藏》第 48 冊，第 358 頁。

惡」「志心諦聽」「胡跪」「總淨心念摩訶般若波羅蜜多」「但一切善惡都莫思量」。而且，在敦煌本《壇經》第二折衷，甚至還錄有如下經文：「善知識！淨心念摩訶般若波羅蜜法。大師不語，自淨心神，良久乃言。」〔註116〕淨心、志心、空心，這是所有教法的基礎，切不可輕易放過。對於聽受者，如此便能很好地撤去自我思維亂念，為有效進入禪法修學清理乾淨，打好基礎。對於教授者，則是空空無我，自性自講自傳。須知此次第至淺至深，若體用得好，可直接突破心識業惑，瞬間立於自性本位。如惠能所描述的「本來無一物」「惠能沒伎倆」，便是身心虛化到極致的自性顯現境。

次第二，舉三科。三科即陰、界、入。舉此三科乃為講清身心自性的產生、實質及運作原理。「陰」是「五陰」，屬心識蘊積對本性的遮覆。「入」是「十二入」，即六塵、六門，指心識攝取及作用處。「界」是「十八界」，包括六塵、六門、六識，乃是描述生命的內外一體及其共頻。簡言之，六塵生處，六門同步攝取，再經六識加工、傳送，通過末那識融入含藏。形成了當前之生命結構。生命含藏收存著整個宇宙、物類、民族、家國、個體等的一切經驗信息，三科動處，或顯現染，或顯現淨。染者為迷，淨者為悟。悟此三科原理，即見自心之運作、迷失，實可瞬間脫離而出。延伸而言，一切迷失，乃至當今大眾心理世界中的焦慮、抑鬱、畸形等心靈脫軌現象，均是此三科運作而生的虛幻執持。故此三科之理，不但可直擊禪法修學之核心，亦可運用於當前社會的自他心靈療愈。

次第三，用對法。即運用三十六對法來辨破中邊，一如之前所講中觀破相法，往返破立之間，出離偏執。在日常中，對法是一種很有效的修學檢驗及妙用。例如，別人一問一激，你我即刻作答、辯解，這是被邏輯思維控制的體現，答疑者自身也迷失了。若欲清醒，切不可從線性邏輯來應對問題，而應有離邊執之宏觀心量。凡遇所問，即覺見疑問背後的對立心念，便依對法順勢加以破斥，從而出離正反兩邊、中間、多邊。實際修學中，我們大可反覆熟讀背誦此三十六對，在記憶的基礎上深味其神韻，並隨機演化運用，凡應對一切偏執時必不至陷入。

次第四，立自性。也即立足自性視角，時時警覺、反觀、照化所講所用是否陷入心念迷失，這也是「對法」能起作用的根本原因。如無自性起用，對法即陷入饒舌戲論，邏輯詭辯，越對越迷。故而，惠能所教，無不以此為根本目

〔註116〕〔唐〕惠能：《壇經》（敦煌本），《大正藏》第48冊，第337頁。

的。見性，用性，才是禪的入門，體解，動用。

次第五，通坐禪。即精通、純熟坐禪工夫。此處再次強調，惠能並不拒斥坐禪，只是說不要執於坐禪。須知佛陀也是禪坐高手並於坐中證道。在見性悟道之後，反而應生起大精進，打磨禪功，以轉化身心乃至深度業種。故而，講傳惠能禪法，切勿再說惠能否定坐禪，而恰好應該強調見自性、通坐禪之兩翼共進，以促進、淨化、圓滿生命。

惠能曾說：「汝等若悟，依此說，依此用，依此行，依此作，即不失本宗。」〔註117〕從整體的《壇經》來看，以上五次第是惠能教法的精要，有心者可詳加研學。當然，五次第並不是僵化條目，在研學過程中大可開放心態，深深體悟之餘，根據具體語境而做出靈活演釋。

總體而言，禪宗的修道方法隨處可見，真正用心習學、研修禪法者，凡在單門典籍字句間，均可歸納、演繹出修道方法來。並且，不同的人，不同的視角，必會看見不同的方法。上述不過是略舉數種罷了！至於更為詳盡、殊勝者，便只待有心人結合自身的情況去如琢如磨，深度挖掘。

第四節　禪宗修道次第的結構屬性

修道次第實際上是具體語境下的佛法授受設計。禪宗修道次第則更是漢文化語境中「四維上下對機設教」〔註118〕之典型：次第應機，並無固定。然其獨特性也在於此，下文即對其獨特體系結構做一些挖掘、梳理。

一、根器劃分的隨意性

修道次第是依據受眾的具體情況來按需建構的，故而根器之劃分決定了修道次第體系結構之形態。禪宗的根器劃分存在隨機性——不定。一般情況下，禪宗將受眾劃為利、鈍二根。如《壇經》說：「人性自有利鈍。迷人漸修，悟人頓契。」〔註119〕《續高僧傳》說：「教中廣敘信法兩徒，誠由利鈍等機，所以就時分位。」〔註120〕按頓漸思路，受眾一般也應分為二，否則就很難解釋為何有人可頓悟，而有人則一直愚迷。由此，形成了頓悟和漸修兩種基本次

〔註117〕〔唐〕惠能：《壇經》，《大正藏》第 48 冊，第 360 頁。
〔註118〕〔宋〕匡真：《雲門匡真禪師廣錄》，守堅集，《大正藏》第 47 冊，第 561 頁。
〔註119〕〔唐〕惠能：《壇經》，《大正藏》第 48 冊，第 353 頁。
〔註120〕〔唐〕道宣：《續高僧傳》，《大正藏》第 50 冊，第 596 頁。

第類型。有時，禪宗也將受眾劃為三類，即上、中、下三根。如臨濟義玄說：「如諸方學人來，山僧此間作三種根器斷。如中下根器來，我便奪其境，而不除其法。如中上根器來，我便境法俱奪。如上上根器來，我便境法俱不奪。如有出格見解人來，山僧此間便全體作用，不歷根器。」〔註121〕黃龍慧南說：「隨乎利鈍，設彼化門。庶上中下根，各得其漸」〔註122〕。實際當中的確有此三類概分，但禪宗的三類劃分不同於「三士」之下、中、上遞進之等差邏輯，而是以「最上根」來破除受眾對上下利鈍之執著。故此類劃分對應禪宗三諦圓融、中觀破邊執之修道次第類型。另外，禪宗又認為：「人者，凡夫善人、信行人、八人、四果人、辟支佛人、菩薩人。一人出世多所利益，多人受樂。憐愍世間生大悲心，於人天中多所饒潤。所謂諸佛等，依世諦故，為化眾生，故作是說。」〔註123〕這是典型的更具體細緻的劃分法，這種思路可以延展到「八萬四千種眾生」，於是禪宗便有八萬四千種次第法門之靈活。還有，禪宗有時又集中於論證「眾生平等無差別」，故而不分根乘，由此所對應的是最上乘頓斷直了之次第法類型。言下之意，禪宗隨方解縛，因機變化，唯以「自性」為準繩。由此，則造成了禪宗修道次第結構的簡略性。

二、結構模式的簡略性

「眾生根器不定」及「唯以自性為內在標準」之兩個核心元素決定了禪宗修道次第結構的獨特性：宏觀上看，簡化為「識心—修持」兩步。禪宗之修道次第，並非以方法來對應相應修道境界，而是反過來以「自性」統攝一切法，以此為基本依據而設計、調整各種次第。正如弘忍對惠能所說：「諸佛出世為一大事因緣，隨機大小而引化之，遂有十地三乘頓漸等法，以為教門。」〔註124〕是以禪宗的修道次第顯得簡、小、活。甚至有些方法會讓人覺得莫名其妙。當然，不論其次第如何因機變化，都有一個內在總綱「自性」在統攝，即所謂「一性圓通一切性，一法遍含一切法」〔註125〕，一切修道次第的產生和運用，都在「自性」的統攝之下根據具體情況而靈活設定。故而，先識本心，次復修持，實乃統禪宗修道次第之總綱。然具體到如何識心，如何修行，則是

〔註121〕〔清〕性統：《五家宗旨纂要》，《卍新續藏》第 65 冊，第 255 頁。
〔註122〕〔宋〕慧南：《黃龍慧南禪師語錄》，《大正藏》第 47 冊，第 631 頁。
〔註123〕〔唐〕道世：《法苑珠林》，《大正藏》第 53 冊，第 1014 頁。
〔註124〕〔元〕念常：《佛祖歷代通載》，《大正藏》第 49 冊，第 582 頁。
〔註125〕〔唐〕玄覺：《證道歌》，《大正藏》第 48 冊，第 396 頁。

一個較為複雜，充滿變化的次第體系。此處結合前文對達摩禪、北宗禪、南宗禪的分析而歸納出四種較具有代表性的次第模式。

第一類，宏觀性的修道綱要。這一類禪宗用得特別多，例如前文所述之二入四行、北宗方便次第五門、南宗牧牛十次第等，都是禪宗較為倚重的次第修持綱目。又如以頓法《證道歌》出名的玄覺，竟有「大章十門」之說，將修行程序規定為「慕道志儀第一、戒驕奢意第二、淨修三業第三、奢摩他頌第四、毘婆舍那頌第五、優畢叉頌第六、三乘漸次第七、理事不二第八、勸友人書第九、發願文第十」〔註126〕十門。還有，將禪修境界劃為初禪、二禪、三禪、四禪，初關、重關、牢關，以及修「戒定慧」，修「六度」，參悟「十二因緣」等，都是從佛教始而至禪宗也未放棄的固定傳承。可見，禪宗也有規範的、固定的修道次第模式。並且，正是此類模式統攝著一切禪法的變化，使之形散而神不散。

第二類，相對固定的修道方法。禪宗的修道方法不計其數，都是按具體語境而演繹的次第之法。如前言達摩七種觀門、神秀禪觀、洪州牧牛法等，是具體之禪法修持教授。又如「閉關」「禪七」都是體現著禪宗特色的修道次第。關於「閉關」，達摩「面壁九年」就是一個很好的例子。之後禪門，極重閉關，時間三五年數月不等。而「禪七」就是閉關的一種短期形式，主要內容是讀經、坐禪、參悟。禪雖然不拘泥於形式，但這些環節是修行路上的必然工夫。大珠慧海《頓悟入道要門論》載：「問：夫修根本，以何法修？答：惟坐禪，禪定即得。」〔註127〕非常強調禪坐的重要性。禪宗也重次第「參悟」，《五燈會元》《景德傳燈錄》《高僧傳》中，俯拾皆是「次第參修」之案例。這些方法，是禪宗修持中較為固定的次第模式。

第三類，頓漸互破之顯隱思路。該模式在第一部分「頓漸關係」中已做過相關分析，其基本程序為「頓──漸」或「漸──頓」，意即：執著於頓則以漸破之，執著於漸則以頓破之。這是典型的中道式「破法」，其「破立破」「立破立」之內在依據是「自性本心」。例如參問「我是誰」即是這種破法的體現：凡有「我是某某」之答案，則尚有執著，須破至無可破、無可立時，本覺自顯，方才見性。此模式極為普遍、靈活、透徹，顯可作具體方法，隱可作內在綱要，可說一以貫穿在禪宗修道次第體系之始終。

〔註126〕〔唐〕玄覺：《禪宗永嘉集》，《大正藏》第48冊，第387頁。
〔註127〕〔唐〕慧海：《頓悟入道要門論》，《卍新續藏》第63冊，第18頁。

　　第四類，修用一體模式。單從概念上看，修用一體似乎不屬次第，然而它既是境界，同時又是方法，實際上是「識心——修持——見性——妙用」模式的壓縮、簡化、合一。不識心則不能正確修持，無正確修持則不能證得圓滿自性，未證自性，所謂妙用必不智慧深入。修用一體模式，實際上是修持見性已有一定專純之時的次第修法。因為從受眾的染業實際來看，即使已頗有親證見地者，也面臨著對更深一層業因的調訓。此時的「即修即用」，內中包含無數觀照、參悟、禪坐等具體步驟。如禪宗所謂「一行三昧」「無念行」等，雖然看似不需任何次第步驟而直覺呈現，但「智慧妙用」之時，其實也在隨緣修持、消業。最廣為人知的修用一體說，恐怕是「運水搬柴無非妙道」。《五燈全書》中淨信禪師說：「運水搬柴，無非自己風光。開田掘地，盡是當人大用。」〔註128〕實際上，修用一體固然理想、高妙，但常成為修持未到地者務虛之說：如果無法做到「自性的當下顯用」，必然會迷失於「用」的具體事情中。正因如此，永嘉玄覺《證道歌》說：「絕學無為閒道人，不除妄想不求真。無明實性即佛性，幻化空身即法身。」〔註129〕閒道人，剎那證入實相。但這並不是說不需「修」了，反而是「修」的強調。因為在禪宗看來，還有「真妄之分」「無明與解脫」「幻身與法身」之分，就證明還有一種「對立心」存在，還不究竟透徹。「即用即修」，實際是對心性工夫進一步調訓、純化的次第法。這種模式極其微妙，似無實有，簡卻透徹，一直貫穿在禪宗修道次第中。

　　以上四類模式，各自獨立，而又統攝於「識心—修持」之綱要，可謂「從一乘實，分出三乘權。從三乘權，會歸一乘實。即是從心而開三，從心而合一。又即一而三相不同，即三而一體無別」〔註130〕。此為禪宗修道次第之特色，不偏執於任何一方一點，而又從自性一乘之角度加以統攝，落實於時時處處。總之，「須知一切萬法，皆從自性起用」〔註131〕，所謂種種次第者，「百千妙門，同歸方寸。恒沙功德，總在心原。」〔註132〕這也是禪宗修道次第看似無形，卻無處不在的根本原因。

〔註128〕〔清〕超永：《五燈全書》，《卍新續藏》第 82 冊，第 683 頁。
〔註129〕〔唐〕玄覺：《證道歌》，《大正藏》第 48 冊，第 395 頁。
〔註130〕〔宋〕延壽：《心賦注》，《卍新續藏》第 63 冊，第 122 頁。
〔註131〕〔唐〕惠能：《壇經》，《大正藏》第 48 冊，第 358 頁。
〔註132〕〔清〕行悅：《列祖提綱錄》，《卍新續藏》第 64 冊，第 97 頁。

三、終極次第的隱秘性

按一般邏輯，但凡佛教相關宗派修持文化中均有修道次第，事實上也是如此。只不過有的修道次第非常明顯而豐富，有的則非常簡易而變幻，難以捕捉。正因如此，才會形成禪宗無修道次第的一些觀念。而這正好體現了禪宗修道次第的另一特質：隱秘性。這一隱秘性體現在諸多方面。

首先，禪宗的整個理論體系才是禪宗最大的修道次第。諸多視角將修道次第視為某種特定結構，或是某體系中的部分修持文化形態。但實際上，禪宗的整個理論系統均是圍繞著修持實現禪宗最終生命價值而建構的。禪宗的整個理論體系才是最大的修道次第體系，基本模式為：立性——修性——證性——用性。所有其他具體的邏輯關係、禪學構架、修持方法，均是在這種宏觀生命論下展開的。如果單從禪宗體系的局部看，當然無法看到這一點。這是最典型的隱秘性。

其次，將禪宗窄化為南禪。除了少數業內學者、僧俗，絕大部分人會根據當前禪宗的傳播現狀，將南禪等同於禪宗，將組織性的禪宗當做禪，還未考慮到禪與諸家宗派之間的融通和相互影響，故而會簡單地根據南禪的特點將禪宗修道次第判別為「無」或「少」。

再次，禪宗自身的言行掩蓋了修道次第之實。南宗禪在諸多情況下為了突出修持的直接性，往往會出面否定自宗具有修道次第。例如惠能《壇經》云：「自性自悟，頓悟頓修，亦無漸次，所以不立一切法。諸法寂滅，有何次第？」〔註133〕永明延壽《宗鏡錄》云：「經明十地差別，如空中鳥跡。若圓融門，寂滅真如，有何次第？」〔註134〕瞿汝稷《指月錄》卷十云：「修六度萬行，欲求成佛，即是次第。無始已來無次第佛，但悟一心，更無少法可得。」〔註135〕如此種種，因緣而說，造成了世人對禪宗次第之誤解，也促成了禪宗修道次第形態之隱秘。

另外，將修道次第固定認為是某種特殊格式。禪宗的修道次第具有自身的獨立性、獨創性，不同於其餘修道次第。例如藏傳佛教各宗派的修道次第、南傳佛教的修道次第，在名言或表述上均體現出了修道次第的突出特徵。這些特徵一度成為判別其餘修道次第的主要標準。如此一比較，顯然禪宗的修

〔註133〕〔唐〕惠能：《壇經》，《大正藏》第48冊，第358頁。
〔註134〕〔宋〕延壽：《宗鏡錄》卷二十三，《大正藏》第48冊，第543頁。
〔註135〕〔明〕瞿汝稷：《指月錄》卷十，《卍新續藏》第83冊，第511頁。

道次第相去甚遠。故而不被更多關注。這也是禪宗修道次第具有隱秘性的重要原因之一。

　　整體而言，「禪宗修道次第論」本質上是對禪宗思想構成邏輯、修道表述綱要、具體修道方法等方面的綜合歸納與闡釋。禪宗修道次第，一直以來很少有人進行系統性研究，主要原因是人們普遍認為禪宗沒有修道次第。至於更深一層原因，則是人們對修道次第的判別標準不一樣。實際上，禪宗的修道次第獨特、豐富、龐大，一直以來都有人在不同層面對之進行研究、演繹，不論從達摩到惠能的如來禪、惠能及以後的祖師禪、牛頭禪、北宗禪等支系審視，都體現著禪宗修道次第的龐大、豐富與獨特。此處有一問題還需再做強調：基於禪及禪宗修道次第的獨特性，判說禪宗修道次第絕非「頓悟禪境界」的倒退，而恰好是為了我們在學習或研究中不陷於偏執，進而更全面、深入地理解禪宗。禪宗的修道次第以參、坐為主要踐履工夫，看似形散而無從把握，但前文從不同層面綜合梳理了禪宗參坐次第的體系、內容，強調了禪宗具有獨特的修道次第系統。禪宗修道次第雖然不同余宗，但其自身所具中華文化語境下的獨特性是頗值關注與深究的。而且，從現在的視角看，禪宗修道次第貫穿於禪宗思想體系的始終，歸而成「論」，在如何有效修行，如何見性解脫，如何實現生命價值等方面均具有重要意義。